EDME CHAMPION

VOLTAIRE

ÉTUDES CRITIQUES

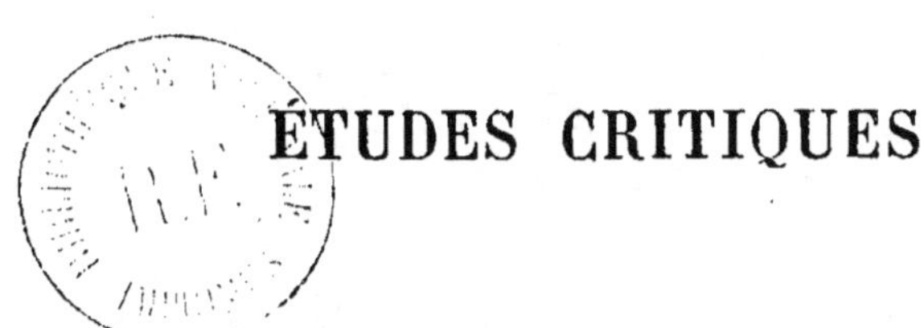

L'HOMME. — L'ÉCRIVAIN. —
LE CRITIQUE. — L'HISTORIEN. —
LE COURTISAN. — LE PATRIOTE. —
VOLTAIRE ET LA RÉVOLUTION.

PARIS

ERNEST FLAMMARION, ÉDITEUR

26, RUE RACINE, PRÈS L'ODÉON

—

1893

Tous droits réservés.

INTRODUCTION

Voltaire est mal connu.

Je n'ai pas la prétention de le faire connaître ; si je pensais que quelqu'un pût se croire dispensé par moi de le lire, je jetterais ces pages au feu. Je veux seulement montrer, par un petit nombre d'exemples, qu'il est plein d'enseignements trop négligés, et qu'il faut corriger, au moins en partie, ce qui a été dit sur lui par les meilleurs juges.

Je cherche non ce qui conviendra en d'autres temps, quand on parlera de lui comme nous parlons des Grecs et des Romains, mais ce qui importe à l'heure présente, deux siècles après sa naissance.

On lit dans les *Nouveaux Lundis* : « Je ne considérerai la moyenne des esprits comme tout à fait émancipés en France, et la raison comme bien assise, même à Paris, que lorsque Voltaire aura sa statue, non pas dans le vestibule ou dans le foyer d'un théâtre, mais en pleine place publique, au soleil. »

La statue qu'attendait Sainte-Beuve, nous l'avons ; quand aurons-nous l'émancipation des esprits ? Quand les préjugés et les sottises auxquels Voltaire faisait la guerre auront-ils définitivement perdu leur crédit ? Il regardait comme un des grands efforts de la raison que l'on eût cessé de donner à l'empereur Julien le surnom injurieux d'apostat ; il imaginait que le concile de Trente serait le dernier concile général ; il demandait en souriant à quelle date les Dominicains convaincus de ne pas croire à l'Immaculée Conception commenceraient à mériter des peines éternelles.

Sur ces points et sur bien d'autres la raison n'avait pas triomphé aussi pleinement qu'il l'espérait ; une partie du terrain qu'elle avait conquis a été perdue. Nous ne doutons pas de sa victoire; mais est-elle dès à présent assez acquise pour ne laisser place à aucun retour du passé ? L'ennemi vaincu ne pourrait-il demain ressaisir pendant quelque temps son ancien empire, de même que la mer en se retirant à la fin des tem-

pêtes lance parfois de grands flots qui vont re-
couvrir un instant les grèves abandonnées par
elle et balayer les rochers où l'on se croyait hors
de ses atteintes ?

Les monstres subsisteront, disait Voltaire ;
mais petit à petit on limera leurs dents et on rognera
leurs ongles. Je laisse des limes et des ciseaux.

Nous en avons encore besoin, ainsi que de ce
grand fouet que Diderot apercevait sur les bords
du lac de Genève et dont il menaçait les gens
tentés de faire quelque sottise. Mme de Stael dé-
daignait les plaisanteries de Voltaire sous prétexte que le temps en était passé. Elle put avant
de mourir reconnaître son erreur ; elle l'aurait
vue mieux encore si elle avait vécu quelques
années de plus et si elle avait lu l'*Essai sur l'indifférence en matière religieuse* ou le projet de loi
sur le sacrilège.

« Il faut combattre sans cesse ; quand on a
détruit une erreur, il se trouve toujours quelqu'un qui la ressuscite. »

Cette parole du *Dictionnaire philosophique*
pourrait servir d'épigraphe au livre que j'entre-
prends. Peut-être quelque jour sera-t-il recherché comme ces armes rouillées que l'on ramasse
en mémoire d'une antique bataille.

Post-scriptum. — Les lignes que l'on vient de lire expriment bien l'intention que j'avais au début de ce travail, l'esprit dans lequel il a été conçu. L'étude, le temps écoulé, les vicissitudes de la vie m'ont amené insensiblement à considérer ce que d'abord je ne regardais pas assez.

Nous savons gré à Eschyle d'avoir voulu que l'inscription de son tombeau rappelât seulement la bravoure qu'il avait montrée en face du Mède à la longue chevelure ; mais si grande que soit la gloire d'avoir bien combattu à Marathon, la gloire d'avoir composé l'*Orestie* est plus rare et plus belle. Voltaire lui aussi a des titres encore meilleurs que ses luttes. Il y a à prendre chez lui d'autres leçons que des leçons de polémique. Sans cesser de penser aux combats qui se préparent, j'ai tâché de faire quelque chose de plus qu'une œuvre de guerre.

VOLTAIRE

ÉTUDES CRITIQUES

CHAPITRE PREMIER

COMMENT ON ÉCRIT L'HISTOIRE

Les ennemis de Voltaire ont dit de lui tout le mal imaginable. La haine les a poussés à de véritables extravagances. Il a été traité de bête féroce, de procureur de l'enfer (1). En lisant après sa mort la dénonciation de ses œuvres au Parlement, les mandements épiscopaux, les *Nouvelles ecclésiastiques*, son secrétaire Wagnière demandait ce qu'il aurait été possible d'écrire de plus s'il avait assas-

(1) Joseph de Maistre, dans les *Soirées de Saint-Pétersbourg*, fournit un bon échantillon de cette animosité prodigieuse.

siné sur les grands chemins, donné l'exemple de la débauche la plus brutale, empoisonné, méconnu toutes les lois divines et humaines. Condorcet rapporte que dans presque toutes les éducations on travaillait à prévenir les enfants contre lui.

Le but auquel on voulait arriver a été atteint. Toutefois la principale cause des erreurs sur Voltaire n'est point la malveillance, la calomnie ; c'est la rage de parler de lui à tort et à travers sans l'avoir jamais bien lu.

On a prétendu qu'il n'aimait pas l'Angleterre parce que les orages de la liberté lui faisaient peur. Mercier l'avait soutenu à la fin du xviiie siècle ; Villemain a enseigné à peu près la même chose. Pour les réfuter nous n'avons d'autre embarras que celui de choisir entre les textes qui montrent la fausseté de cette assertion. Voltaire aimait la liberté par-dessus tout, la préférait même à la santé, trouvait que les hordes misérables des Tartares seraient trop heureuses d'être conquises s'il ne valait pas encore mieux être libre que civilisé. Aussi rendait-il hommage au pays où les hommes vivaient plus libres qu'ailleurs parce qu'ils étaient plus éclairés, où il avait lui-même senti son âme plus à l'aise (1). Dans

(1) Edition Beuchot, LXI, 496 ; XVI, 478 ; XL, 575 ; *Lettres inédites* publiées par Cayrol, 1,444.

la *Henriade*, dans les *Lettres philosophiques*, dans la *Princesse de Babylone*, dans le *Dictionnaire philosophique*, dans l'A B C, dans sa correspondance, partout où il en a eu l'occasion, il a dit que la meilleure de toutes les Constitutions était celle de l'Angleterre (1).

A plusieurs reprises il s'est occupé de Roland : il le nomme quatre fois au moins. Trois de ces passages se trouvent dans l'*Essai sur les mœurs*, aux endroits où, à défaut de tout renseignement, on les chercherait d'abord ; ils sont d'ailleurs mentionnés exactement à la table analytique qui accompagne l'*Essai* dans plusieurs éditions. Le quatrième passage est indiqué dans la table dressée par Miger pour l'édition Beuchot. D'où vient qu'un récent éditeur de la *Chanson de Roland*, un professeur à l'Ecole des Chartes, prétend que Voltaire ne connaît pas Roland « même de réputation » (2) ?

(1) XXXVII, 148 ; XXXIV, 164 ; XXX, 111-5 ; XLV, 58. Voltaire loue le cardinal de Fleury d'avoir avoué que la Constitution anglaise était admirable et lui reproche d'avoir ajouté que c'était une machine compliquée, sujette à des abus. Les abus, réplique-t-il, sont attachés à la nature humaine, mais les lois n'ont rendu nulle part la nature humaine plus respectable. — Voir aussi la lettre à d'Argenson du 8 mai 1739.

(2) Pour mieux édifier les lecteurs, je mets ces quatre textes sous ses yeux : « L'arrière-garde fut défaite à Roncevaux... Là périt Roland : c'est l'origine des fables qu'on écrivit au XIe siècle ». XV, 408. — « Taillefer chanta la chanson de Roland qui fut

Deux vers étaient inscrits sur le char qui porta au Panthéon le cercueil de Voltaire en juillet 1791 :

> Si l'homme est créé libre, il doit se gouverner.
> Si l'homme a des tyrans, il doit les détrôner.

Isolés ainsi, ces mots prenaient un sens qui n'était pas le leur. On faisait dire à Voltaire ce qu'il a sans doute pensé souvent, mais ce à quoi il ne songeait pas en composant le troisième *Discours sur l'homme* où ils sont suivis de ce vers :

> On ne le sait que trop, ces tyrans sont les vices.

Le début d'une dissertation sur le libre arbitre était transformé en appel à l'insurrection.

Une foule d'autres paroles ont été ainsi mal interprétées ou citées mal à propos, sans regarder si ce qui les accompagnait n'en modifiait pas la signification, n'en diminuait pas la portée, sans tenir compte des circonstances où elles avaient été prononcées. Quelques minutes d'étude auraient préservé de l'erreur ; il eût suffi parfois d'un coup d'œil

si longtemps dans la bouche des Français sans qu'il en soit resté le moindre fragment. » XVI, 43. — A la bataille de Bouvines, Philippe-Auguste fit chanter un psaume : « Auparavant les Français chantaient des vers en l'honneur de Charlemagne et de Roland. » XVI, 129. — « L'arrière-garde est taillée en pièces à Roncevaux par les Arabes et les Gascons ; c'est là que périt, dit-on, Roland si célèbre par son courage et sa force incroyable. » XXIII, 55.

sur la liste chronologique des OEuvres de Voltaire
pour apercevoir que l'on faisait fausse route. Peut-
être n'a-t-on pas songé à une précaution si simple,
peut-être aussi ne s'est-on pas soucié de découvrir
qu'il fallait abandonner une thèse préconçue et perdre
une occasion d'être ingénieux ou profond à peu de
frais. Il est si commode de trancher les yeux fermés
des problèmes dont la solution exacte vous gênerait,
vous condamnerait au silence. Et puis quoi de plus
naturel que de pérorer sur ce qu'on sait le moins ?
Cela ne nous arrive-t-il pas à tous chaque jour ?

Nous accueillons comme vérités indiscutables les
propos « dévotement vomis par des bouches infectées
qui se disent sacrées » ; nous propageons les bruits
les plus incertains, nous les grossissons :

> On les crie au village et chez tous les voisins ;
> Dans notre basse-cour on s'obstine à les croire,
> Et voilà justement comme on écrit l'histoire (1).

(1) VIII, 304.

CHAPITRE II.

Voltaire dit qu'en rencontrant une œuvre admirable il nous arrive d'éprouver de la vénération pour l'auteur et que s'il était là, nous l'embrasserions.

Tout le monde ne va pas aussi vite. Avant d'embrasser l'auteur, bien des gens voudraient savoir qui il est, d'où il vient, comment il vit; quelques-uns demanderaient comment il se comporte « sur l'article de l'argent, sur celui des femmes », sous prétexte que la connaisance intime de l'homme leur est nécessaire pour l'intelligence de l'œuvre.

Il y a pourtant des choses que nous goûtons pleinement sans avoir étudié la biographie de ceux qui les ont faites. Nous comprenons à merveille le *De naturâ rerum* et les *Caractères*, bien que nous ne sachions rien de Lucrèce et presque rien de La Bruyère. Nous n'avons aucun besoin, pour entendre Sénèque, de chercher s'il avait perdu au jeu lorsqu'il écrivit sur le mépris des richesses : cela est bon pour le laquais de Regnard ; les héros que les épîtres à Lucilius ont fortifiés, un Zwingle, un Hoche, ne pensaient pas à ces questions. Voltaire aurait pu s'épargner la peine de soutenir contre Linguet que Cicéron est digne de respect. Je voudrais être dispensé de montrer que Voltaire n'est pas méprisable.

Le 8 mai 1791, lorsqu'il fut question dans l'Assemblée Constituante des honneurs qu'on voulait lui rendre, Lanjuinais proposa de passer à l'ordre du jour, attendu qu'un tel personnage ne méritait pas l'estime du genre humain (1). Récemment un de nos brillants critiques a émis une opinion analogue en termes plus durs encore. La meilleure réponse serait le mot de Bolingbroke sur Marlborough : C'était un si grand homme que j'ai oublié ses vices (2). Nos arrière-neveux, qui de l'aveu de Joseph de Maistre se soucieront peu des excès de la Terreur, seront sans doute médiocrement émus des travers et des défauts qu'à tort ou à raison l'on attribue à Voltaire : ils ne chercheront pas s'il rapportait

(1) D'après le *Moniteur*, Lanjuinais s'est fondé sur l'opinion de Bayle ; mais il devait savoir que Bayle n'a pu parler de Voltaire.

(2) Voltaire rappelle ce mot à propos de Bacon. Il dit aussi de certaines démarches de Pierre le Grand qu'elles l'auraient rendu méprisable si un homme qui a fait de si grandes choses pouvait l'être.

dans l'appartement de Frédéric la bougie qu'il y avait prise.

Mais les jours ne sont pas arrivés où l'on se désintéressera de ces misères. L'idée inexacte que l'on a de Voltaire éloigne de lui, de même que les insinuations de Tacite et les calomnies de Dion Cassius, aggravées par les traducteurs, font tort aux écrits de Sénèque (1). Avant d'en venir à l'œuvre, occupons-nous donc un instant de l'homme.

Ce qui frappe d'abord, c'est la variété des aspects sous lesquels il apparaît. Nous n'avons pas ici un de ces personnages tout d'une pièce qui se laissent aisément caractériser en peu de mots. On ne parvient pas à l'enfermer dans une formule étroite. La recherche de ce qu'on appelle les facultés maîtresses est presque toujours décevante, et les psychologues les plus subtils ont beau s'évertuer à décomposer scientifiquement les œuvres humaines, leurs analyses ne sont jamais satisfaisantes. On arrive cependant à fabriquer de petites étiquettes qui expriment

______

(1) « On ne fut jamais aussi ingrat que le sont quelques-uns des lecteurs de Voltaire. Je les vois transportés d'admiration, puis, le livre fermé, se récrier contre l'auteur, et à force de le haïr ils trouvent le moyen de dépriser les passages mêmes qui viennent de leur causer tant de plaisir. » D'Argenson. — Marais fournit une curieuse justification de cette remarque : il dit que l'on sera honteux des éloges donnés à Zaïre, il a « bien regret » aux larmes qu'il a versées.

à peu près les traits saillants de certains hommes ;
plusieurs grands écrivains du xviie siècle se prêtent
assez bien à cette opération. Il est possible aussi
d'inventer pour Montesquieu, pour Buffon, pour
Rousseau, des définitions passables. Avec Voltaire il
ne faut songer à rien de pareil. Il appelait d'Alembert
Monsieur le multiforme et aurait pu en dire autant
de Diderot ; mais c'est à lui-même que ce nom convient surtout, c'est lui qui, véritable Protée, sans en
souffrir comme Diderot, est capable des métamor-
phoses les plus merveilleuses : *Omnia transformat
sese in miracula rerum*. Il a tous les instincts, toutes
les passions, tous les dons. Il faut remonter au
xvie siècle ou plutôt à la Grèce antique pour rencontrer des hommes aussi complets, et même dans
ces âges privilégiés on n'en rencontre pas beaucoup.

Tous les goûts à la fois sont entrés dans son âme.
Il sent le prix de cette richesse, et non seulement
les admet tous, mais il les entretient, les développe,
se livre à tous sans réserve. Loin d'en comprimer
aucun, il revendique sa part dans les faiblesses
humaines. Ce n'est pas lui qui dirait comme Faust à
Wagner : Tu n'as jamais eu qu'un seul penchant,
oh ! n'apprends jamais à en connaître d'autres (1). Il

(1)   Du bist dir nur des einen Triebs bewust ;
         O lerne nie den andern kennen !

estime au contraire qu'on ne vit qu'à demi quand on n'a qu'un seul goût. « On ne peut prendre un parti plus sage que celui de donner à son âme toutes les vertus, tous les plaisirs, et toutes les instructions dont elle est capable... Nous ne sommes pas nés uniquement pour lire Platon et Leibnitz, pour mesurer des courbes et pour arranger des faits dans notre tête ; nous sommes nés avec un cœur qu'il faut remplir... Il faut donner à notre âme toutes les formes possibles... Il faut faire entrer dans notre être tous les modes imaginables, ouvrir toutes les portes de son âme à toutes les sciences et à tous les sentiments. Pourvu que tout cela n'entre pas pêle-mêle, il y a place pour tout le monde (1). »

On a peine à croire que tant de goûts puissent aller ensemble sans s'alanguir et s'attiédir ; il semble que les avoir tous en même temps, c'est n'en pas avoir de très vifs ou même n'en avoir sérieu-

____

(1) XIII, 86 ; XI, 356 ; XIII, 142 ; LII, 449, 408. « C'est un étrange rétrécissement d'esprit que d'aimer un art ou une science à l'exclusion des autres. Il faut laisser ce fanatisme à ceux qui croient qu'on ne peut plaire à Dieu que dans leur secte. On peut donner des préférences, mais pourquoi des exclusions ? La nature nous a donné si peu de portes par où le plaisir et l'instruction peuvent entrer dans nos âmes ! Faudrat-il n'en ouvrir qu'une ? » LIII, 316. M. Desnoiresterres attribue ces lignes à Mme du Chastellet ; mais au lieu d'indiquer, selon son habitude, où il les prend, il dit qu'elle parle ainsi quelque part. Je ne vois aucun motif pour ne pas les laisser à Voltaire dont elles expriment certainement la pensée.

sement aucun. D'ordinaire une inclination forte et
qui persiste, domine bien vite les autres, si elle ne
les exclut tout à fait. Les gens doués de beaucoup
d'aptitudes sont presque toujours sans véritable
vocation et restent médiocres. Chez Voltaire, les
dons les plus divers se trouvent à un degré éminent,
la multiplicité de ses goûts ne nuit ni à leur inten-
sité ni à leur durée. Parfois il prétend n'en avoir
plus qu'un seul, ne vouloir désormais qu'une occupation. Il écrit à Formont : « Je ne connais et ne
veux connaître de ma vie que les belles-lettres. » Mais
presque aussitôt l'attraction l'occupe, le tourmente,
il interroge avidement Maupertuis, lui fait des objections ; le voilà épris des lois de Newton. Moins d'un
an après, il annonce au même Formont que décidément il quitte la lyre pour la philosophie. Le lendemain il refait une tragédie, et quelques semaines
plus tard compose une épître en vers (1).

Il n'hésite pas à déclarer que l'amusement est le
but de la vie : Dieu ne nous a pas mis au monde
pour autre chose. En se levant, on ne doit songer
qu'à cela (2). Mais il dit également : « Le travail est
le lot et l'honneur d'un mortel... Je m'aperçois tous
les jours qu'il est la vie de l'homme, il ramasse les

(1) LI 280, 314, 369, 371, 400.
(2) LX, 88, 67.

forces de l'âme et rend heureux. » Voltaire travaille jour et nuit, toujours avec passion ; il dicte en se levant, en se couchant, en mangeant, en souffrant, en essayant son habit de théâtre (1). Il n'a pas connu la fatigue. A Cirey, Mme de Grafigny ne le voyait paraître qu'au milieu du souper ; il retournait en hâte à son bureau sitôt que l'on sortait de table ; il déplorait les moments donnés à la conversation. Longchamp qui devint son secrétaire un peu plus tard, Wagnière qui le fut pendant un quart de siècle, rapportent qu'il travaillait jusqu'à dix-huit heures par jour et les faisait encore relever la nuit pour écrire sous sa dictée.

Ce mondain si sensible aux agréments de la société, si bien fait pour les salons où il brille, pour les cours dont il est fou, cet amateur de fêtes n'en est pas moins capable de plaisirs austères. Si au théâtre il a des transports tels qu'il gêne ou divertit ses voisins, sur une grand'route, au cœur de l'hiver, arrêté dans la neige par un accident de voiture, un beau ciel étoilé le jette dans l'extase; il ne lui manque qu'un télescope pour être parfaitement heureux (2).

Dès l'année 1764, il laisse Mme Denis faire les hon-

(1) XIII, 207 ; LX, 437, 66 ; LIX, 548 ; LIV, 231.
(2) En plusieurs endroits il parle dignement des belles nuits, des sentiments que leur ciel lui inspire. Voir *Zadig*, ch. 9, et *Jenny*, ch. 10.

neurs de Ferney, ferme sa porte et se met au lit. Au pied du Jura, il ne regrette pas le ruisseau de la rue du Bac ; les bords du lac Léman valent bien ceux de la Seine. « A Paris on ne s'appartient pas, on n'est pas à soi, les idées se dispersent, on perd son temps, le repos et le recueillement de l'âme; tandis que la campagne est le vrai séjour de l'homme. » Voltaire « l'idolâtre même en hiver ». Il se sent né pour être faune ou sylvain ; la vie pastorale est la plus douce et la meilleure. Ce qui lui fait chérir la retraite, ce n'est pas seulement que l'on y travaille mieux, que les passions y deviennent plus vives et plus profondes et que dans la solitude on s'acharne sur ses sentiments (1), c'est aussi le paysage qu'il découvre de ses fenêtres, c'est le plaisir, « le seul qui ne soit pas une illusion », de semer, de planter, de voir verdir de vastes prairies et croître de belles moissons, c'est sa ferme : rien n'est plus beau à son gré. Il n'a fait qu'une chose « de raisonnable en sa vie », c'est de cultiver la terre. Il est « fou de l'agricul-

(1) Le 31 décembre 1774, à quatre-vingts ans. — LXII, 5; LVII, 260; LX, 94; LVII, 635, 655, 571; LI, 93; LVII, 327; LXIX, 158. — Voir aussi LVIII, 362 : Abandonnez-vous cette ville de Paris qui n'est bonne que pour messieurs du Parlement, les filles de joie et l'Opéra comique? dit-il à Mme de Fontaine ; êtes-vous lasse de cette malheureuse inutilité dans laquelle on passe sa vie, de ces visites insipides et du vide qu'on sent dans son âme après des journées passées à faire des riens et à entendre des sottises ?

ture », il aime ses bœufs, a soin qu'ils soient tenus dans la plus grande propreté, dans des écuries bien aérées. Quoique mécontent d'eux parce qu'ils labourent trop lentement, il les caresse ; il met des sabots pour aller les voir. Il fait remuer ses marronniers pour que les hannetons en tombent et soient mangés par ses poules. Il s'amuse de ses lapins qui se passent la patte sur le nez. Il renonce à écrire pour cinq ou six cents oisifs qui lisent et oublient aussitôt ; il ne vivra plus que pour labourer avec la nouvelle charrue et employer le nouveau semoir. Il quitte une dissertation sur *Tancrède* parce qu'on lui apporte des nouvelles de ses vaches et de ses semailles qui l'intéressent bien davantage que les amours d'Aménaïde. N'allez pas pour cela croire que sa passion pour le théâtre ait diminué : à cette même époque, les tragédies sont pour lui les plus importantes affaires du monde, « car elles poursuivent leur homme nuit et jour ». Le besoin d'en faire ne le quitte pas plus qu'au temps où il prétendait être absorbé par la physique. Au sortir de sa ferme, il reprend la pièce de la veille, prépare celle du lendemain et le soir joue Lusignan ou quelque autre rôle dans lequel il fera verser des larmes et en versera lui-même (1).

(1) « Des larmes ! on en versera ou on sera de pierre. Des

On ne s'attendait pas à voir Voltaire épris d'une charrue et d'un semoir. On s'attend moins encore à le voir inventer et préconiser des engins de guerre. Il s'avise pourtant de perfectionner les chars militaires de l'antiquité. Persuadé qu'il va les approprier à la tactique moderne, il en fait exécuter des modèles, les propose contre Frédéric, excite Catherine à les employer contre les Turcs.

A mesure qu'il vieillit, il multiplie les entreprises. Déjà chargé d'affaires qu'il dirige admirablement, il installe une fabrique de soie, des ateliers d'horlogerie, leur cherche des débouchés jusqu'à Constantinople, jusqu'en Afrique, à Alger, à Tunis. Il concourt à quatre vingt-trois ans, sous un nom d'emprunt, pour un prix académique.

Dans ses dernières années, il ne joue plus qu'aux échecs : encore regrette-t-il le temps qu'il y perd. Le jeu lui semble l'occupation des gens qui n'ont point d'âme. Il ne songe pas que dans sa jeunesse il a été joueur à tel point qu'il a perdu dans une soirée au biribi douze mille francs (1).

Sensible « avec persévérance », à tout âge il porte

---

frémissements ! on en aura jusqu'à la moelle des os, ou on n'aura point de moelle. » — LVI, 692 ; LXV, 470 ; LXIX, 224, 336, LVII, 75, 121, 647; LVIII, 172 ; LXIV, 28; LXIII, 505, 434.

(1) Ces douze mille francs en feraient environ cinquante mille aujourd'hui. — LX, 117 ; LI, 303.

dans les moindres choses une ardeur à la fois impétueuse et soutenue. Tous ceux qui l'approchent sont frappés de la flamme qui brille dans ses regards. Comment peut-on être froid? Cela le passe, il ne le conçoit pas: quiconque n'est pas animé est indigne de vivre. Blâmé par Frédéric de mettre dans sa conduite les violences de la tragédie, de s'abandonner à toutes les fougues de ses passions, il convient qu'il n'a jamais pu se corriger de la « maudite idée d'aller toujours en avant dans toutes les affaires » (1).

Agé de cinquante ans, il reçoit de Van Duren qui lui devait d'être l'éditeur de Frédéric, un compte dont il est outré. Il le rencontre, s'élance et sans mot dire lui applique un soufflet.

Ce trait et d'autres également fâcheux, ses débats avec Hirschell, sa trop longue contestation avec le président de Brosses, l'ont fait taxer d'âpreté au gain, de cupidité, de méchanceté. Mais son inépuisable générosité est trop bien prouvée pour qu'il soit possible de la mettre en doute; ce ne fut pas un intérêt sordide qui lui fit prolonger de tristes procès, ce fut le goût de la lutte, le désir de prévaloir sur des adversaires contre lesquels le combat l'animait chaque jour davantage (2).

(1) LVI, 32 ; LXI, 360 ; LV, 559.
(2) Le litige avec de Brosses portait sur une coupe de bois qui ne valait pas trois cents francs.

La *Henriade* paraît être le seul ouvrage qui l'ait enrichi. Les autres furent abandonnés par lui à ses libraires, à des gens de lettres, à des artistes. Panckouke lui ayant proposé dix-huit mille francs pour six cents pages du Supplément de l'*Encyclopédie :* Vous vous moquez de moi, répondit-il, et vous m'offensez. Vous savez que j'ai donné mes sottises gratis à des Génevois, je ne les vendrai pas à des Parisiens (1).

Au temps où il n'avait pas encore fait fortune, manquant d'argent pour secourir un ami, il vend ses meubles. Dans ses vieux jours, apprenant la misère d'un domestique qui avait bien servi son ami Damilaville, il s'empresse de lui venir en aide. En offrant dix mille francs à Lekain dont les heureuses dispositions l'avaient frappé, il lui conseilla de ne pas entrer au théâtre à cause des tracas auxquels les comédiens étaient exposés. Il y avait quelque abnégation à se priver d'un pareil interprète : Lekain, qui le croyait dur et impitoyable, fut ému jusqu'aux larmes.

Sa bonté « active, ingénieuse, singulière », est attestée par Marmontel, par La Harpe, par Mme de Grafigny, par Boufflers, par Mme de Genlis, par

____

(1) LXVI, 48.

Condorcet, par Destutt de Tracy qui l'appelle le meilleur des hommes, par Mallet du Pan qui l'avait approché pendant huit ans et qui professait pour lui une estime d'autant plus inaltérable qu'elle n'était fondée ni sur le préjugé ni sur la conformité d'opinions (1). Wagnière dit qu'il ne saurait rapporter tous les actes de bienfaisance de son maître, parce qu'ils étaient accomplis si simplement et si singulièrement qu'on ne pouvait s'en douter et que très souvent ceux-là même qui en étaient les objets les ont ignorés (2).

Pendant une fête qu'il donne, deux ouvriers font une chute : cet accident lui cause une douleur vive ; il est tout malade d'un saisissement qui le fit presque évanouir. « Figurez-vous, écrit-il, ce que c'est que de voir choir deux pauvres artisans et d'être couvert de leur sang ; ce triste spectacle corrompit tout le plaisir de la plus agréable journée du

(1) *Mémoires* de Mallet du Pan par Sayous, I. 49. Mme de Grafigny dit que Mme de Champbonin, peu sensible aux choses de l'intelligence, aime Voltaire « à la folie... parce qu'il a le cœur bon ».

(2) M. Desnoiresterres a montré que des pièces retrouvées par hasard permettent de constater l'exactitude de ce que Wagnière rapporte à ce sujet. Très certainement Voltaire a fait plus de bien réel qu'on ne lui a jamais supposé de mal, disait Saint-Lambert. — Voltaire serait insensé s'il n'était si sage, et méchant si sa vie n'était remplie de traits de bienfaisance, dit Chateaubriand dans le *Génie du Christianisme*.

monde. » Dans son émotion, il se promet de ne plus
donner jamais de fêtes.

Lisant dans Pope que les seuls vrais biens de la vie
sont le repos, l'aisance et la santé, il réplique : « Et
l'amitié ! Et l'amour !... L'amitié, passion des grands
cœurs, est aussi la première des consolations, la plus
consolante des vertus. » C'est à Vauvenargue qu'il
écrit cela, et avec Vauvenargue il n'use pas de
paroles banales. Il a pour lui une tendre vénération,
non pas cette amitié vaine qui naît dans les plaisirs
et s'envole avec eux, mais une amitié solide et courageuse dont il est fier (1). « Sans amis il n'y a pas de
bonheur possible ; il faut être au-dessus des bons et
des mauvais succès, mais sensible à l'amitié..., Les
anciens amis tiennent au fond de notre être. » Il lui
fut donné d'en avoir. Il serait beau de s'aimer à cent
ans, écrivait-il à d'Argental en 1754 ; nous avons à
peu près cinquante ans d'amitié sur la tête. Ils
en avaient près de soixante-quinze le jour où il
disait : Mon cœur est tout jeune quand je pense
à vous. Leur liaison devint une espèce de culte :
selon un contemporain, d'Argental vivait de Voltaire.

Thieriot, d'abord si dévoué, devint ingrat, abusa de

(1) LII, 190 ; XII, 465 ; LIV, 705 ; LVII, 653 ; XXXIX, 44 ;
LIII, 77.

« la paresse permise en amitié » ; Voltaire n'en resta pas moins fidèle à sa promesse de cesser plutôt d'être poète que d'être l'ami de Thieriot.

La mort seule mit fin à son union avec Génonville, avec le président de Maisons, avec Formont, avec Cideville, avec d'Alembert. A ces noms énumérés par Condorcet, joignons celui de Wagnière qui le servit si longtemps et si bien et le défendit si chaleureusement après sa mort (1).

De telles liaisons révèlent un Voltaire qui ne ressemble guère à certains portraits que l'on a de lui. Il en est encore une autre sans laquelle on ne le connaîtrait pas tout entier.

En 1719, à vingt-cinq ans, il écrivait à Mme de Mimeure : « Soyez sûre que je suis guéri pour jamais du mal que vous craignez pour moi. Vous me faites sentir que l'amitié est d'un prix plus estimable que l'amour. Il me semble même que je ne suis point du tout fait pour les passions. Je trouve qu'il y a en moi du ridicule à aimer et j'en trouverais encore davantage

(1) Edward Mason envoya à La Harpe les lettres adressées à Falkener, moins pour montrer que Voltaire connaissait parfaitement la langue et la littérature anglaises que pour prouver qu'il était capable d'une véritable et tendre amitié. — Les lecteurs qui ont vécu intimement avec des chiens, ne trouveront pas mauvais que je mentionne les affectueuses relations de Voltaire avec celui de Wagnière et leurs caresses réciproques.

dans celles qui m'aimeraient. Voilà qui est fait, j'y renonce pour la vie ».

Malgré cette résolution, vers l'année 1733, il s'attacha à Mme du Chastellet et l'aima pendant plus de quinze ans. Les lignes si simples, si émouvantes par lesquelles il annonça à ses amis qu'il venait de la perdre, disent la profondeur et la constance de cette affection (1). Les propositions les plus séduisantes n'avaient pu le décider à se séparer de son Emilie. Frédéric l'appelait à Berlin ; à peine devenu roi, il avait cherché à l'attirer près de lui. Les avances charmantes d'un prince qui se présentait comme un adversaire de Machiavel, qui pensait librement, qui parlait de paix et d'humanité, ne pouvaient que toucher grandement Voltaire ; cependant il avait répondu : « Je regarderais comme un bonheur précieux celui de venir faire ma cour à Votre Altesse Royale... L'amitié qui me retient dans la retraite où je suis ne me permet pas d'en sortir ; vous pensez sans doute comme Julien que les amis doivent toujours être préférés aux rois. » A l'avènement de Frédéric, il répéta

____

(1) Voir la correspondance du mois de septembre 1749, surtout les lettres du 21 et du 23 à d'Argental, et les *Mémoires* de Longchamp, II, 257. Comparez ces lettres à celles où Racine parle de la mort de la Champmeslé avec tant d'indifférence. de dureté. Et c'est Racine qui a le cœur tendre, tandis que Voltaire a le cœur sec !

qu'il préférait Mme du Chastellet à toutes les cours du monde, même à celle de Potsdam. Frédéric fut blessé de ces refus, exprima sa mauvaise humeur : Voltaire resta inflexible.

Les années s'écoulèrent. Emilie se détacha de son ami, lui fut infidèle ; il ne se lassa point de travailler à la servir, à la rendre heureuse. Longchamp a remarqué que l'événement qui était de nature à les diviser pour jamais, ne servit qu'à les unir davantage, et Flaubert a admiré la bonté de Voltaire sacrifiant sa vanité à la tendresse que sa maîtresse avait pour un autre. Je crois avec Flaubert que peu d'hommes eussent fait comme lui, mais il aimait trop Mme du Chastellet pour que je le loue de ce dévouement. A de telles affections rien ne coûte, ou du moins ce qui coûte, ce qui déchire, devient possible sans que la bonté s'en mêle. L'abnégation de Voltaire ne me paraît pas très méritoire. Seulement, que l'on cesse de le traiter d'égoïste, et de le confondre avec les malheureux

> Dont le cœur ne sait pas comme on aime
> Et qui n'ont pas connu la douceur de pleurer.

Mme du Chastellet voulait que les huit volumes contenant les lettres que Voltaire lui avait écrites fussent brûlés. Malheureusement elle fut obéie.

Mais ce qui reste de la correspondance qu'elle avait eue avec d'Argental, suffirait pour faire voir que Voltaire avait le « fond du cœur tendre ; il aimait à aimer ». Nous pouvons en croire son amie.

CHAPITRE III.

FARI QUÆ SENTIAT.

En refusant de quitter Cirey pour Berlin, Voltaire faisait à Mme du Chastellet un bien grand sacrifice. « La noble liberté de donner à l'esprit tout l'essor dont il est capable », ne lui suffisait pas : il lui fallait en outre celle d'exprimer ses opinions, ses sentiments. C'était pour lui un besoin impérieux, le souverain bien ; il avait la passion de penser tout haut, *fari quæ sentiat* (1). Cela ne se pouvait pas en France.

Beaucoup de personnes sont persuadées que si la

---

(1) LVI, 281. C'est la seule chose que dans *Candide* respecte encore le seigneur Pococurante : pour elle ce désabusé, ce blasé par excellence, cet homme dédaigneux de tout, est encore capable de sympathie, d'admiration : « Il est beau, dit-il, d'écrire ce qu'on pense, c'est le privilège de l'homme ». — « Il est dur de souffrir, mais il est encore plus dur que le plus beau privilège de l'humanité nous soit ravi, *fari quæ sentiat.* » LI, 432. « Pour que la vie soit agréable, il faut *fari quæ sentiat.* » LX, 173. « Nous sommes heureux en Angleterre depuis que chacun jouit du droit de dire son avis. — Nous sommes fort tranquilles à Lisbonne où personne ne peut dire le sien. — Vous êtes tranquilles mais vous n'êtes pas heureux ; c'est la tranquillité des galériens. » XXXI, 23. — Voir aussi XLII, 225.

presse n'était pas précisément libre sous Louis XV,
il ne s'en fallait pas de beaucoup : elles se fondent
sur ce que ni les prohibitions, ni les condamnations
n'ont empêché la lecture des ouvrages défendus.
Mais sous le second empire, les *Châtiments* et *Napo-
léon le Petit* circulaient dans Paris : en conclura-
t-on qu'à ce moment les écrivains n'étaient pas trop à
la gêne? Le succès des écrits de Voltaire et des autres
penseurs de son temps ne semble pas très glorieux
parce qu'on n'en voit plus la difficulté et que l'éclat
de la victoire a fait oublier les périls du combat. Il y
a même des gens qui soutiennent « qu'au XVIIIe siècle, l'intolérance philosophique était aussi tyrannique
incontestablement que ne l'avait jamais été toute
autre forme de l'intolérance religieuse ». En 1776, on
ne s'apercevait pas, et pour cause, de cette prétendue
tyrannie des philosophes ; mais dès lors on commençait à dire qu'il était inutile de lutter contre celle
de leurs adversaires. A quoi Voltaire répliquait :
Regardez donc ce qui se passe sous vos yeux (1).

L'histoire du XVIIIe siècle est pleine de persécu-
tions ; si nous remontions aux dernières années de
Louis XIV, sans parler de celles qui annéantirent
Port-Royal et de celles qui furent dirigées contre les

____

(1) XLII, 396.

protestants (1), nous trouverions Vauban disgracié en punition de la *Dime Royale*, Boisguilbert exilé pour son livre sur les finances, Dom Lobineau réduit à mutiler et à fausser son histoire de Bretagne, Rollin forcé de quitter la direction du collège de Beauvais, menacé d'une lettre de cachet (2), Fréret enfermé six mois à la Bastille pour un mémoire sur l'origine des Francs (3), Fontenelle sauvé à grand'peine par d'Argenson du péril où il s'était mis en traduisant l'*Histoire des Oracles* de Van Dale, Dumarsais qui voulait le défendre réduit au silence.

Il n'y eut pas plus de liberté sous Louis XV que sous Louis XIV.

Le 21 avril 1757, la Grand'Chambre, faisant office de Parlement, enregistra la déclaration royale rendue le 16 du même mois pour réprimer la licence des écrivains. Aux termes de cet acte, les personnes convaincues « d'avoir composé, fait composer et imprimer des écrits tendant à attaquer la religion, à émouvoir les esprits, à donner atteinte à l'autorité royale », devaient être punies de mort. Quant aux

(1) Rappelons seulement la déclaration du 8 mars 1712 qui défend aux médecins de visiter les malades le troisième jour s'il ne leur apparaît qu'un confesseur a été appelé.

(2) Lettre qu'il recevra en 1721 et qui l'internera à Tulle. En 1739 il sera déclaré incapable de posséder aucune place.

(3) Sans qu'il soit possible de deviner laquelle de ses thèses parut criminelle, dit Aug. Thierry.

autres écrits de quelque nature qu'ils fussent, l'omission des formalités prescrites entraînait pour les auteurs et les imprimeurs la peine des galères.

On a affirmé que cette déclaration était restée lettre morte. Tocqueville, dans un accès d'étourderie, a même jugé « ridicules » les historiens capables de la prendre au sérieux. Lors même qu'elle n'eût été qu'une menace, nous devrions en tenir compte. Mais Tocqueville connaissait mal l'ancien régime. Il se trompe quand il dit que la règle était rigide, la pratique molle. L'aventure de La Barre mis à mort pour offense à la religion n'est pas un fait exceptionnel, unique en son genre. Au mois de mars 1724, un habitant de Montmartre avait été brûlé vif comme blasphémateur (1). Le 6 septembre 1758, Moriceau de la Motte, huissier des requêtes, fut « déclaré convaincu d'avoir tenu des propos séditieux... et d'avoir été saisi de placards qui paraissaient destinés à être affichés et véhémentement suspect d'avoir composé lesdits placards. Pourquoi il a été condamné à faire amende honorable pour ensuite être pendu ». La sentence fut exécutée le 11 septembre.

(1) Il y eut bien commutation de peine. Le pauvre « criminel de lèse-majesté divine » aurait été seulement envoyé aux galères après avoir eu la langue percée, si la commutation n'était pas arrivée trop tard ! Marais, III, 94-5.

En 1768, un pauvre diable fut condamné aux galères pour avoir prié un libraire de le défaire de quelques livres qu'il avait reçus en paiement (1).

Il serait interminable d'énumérer les écrivains jetés en prison et les écrits brûlés par autorité de justice. Dans quel siècle vivons-nous donc! s'écriait Voltaire en 1735; on brûlerait apparemment La Fontaine aujourd'hui (2). L'inquisition française augmente d'étendue et de pouvoir ; malheur aux honnêtes gens qui ne maîtrisent pas assez bien leur langue, écrivait d'Argenson le 12 février 1752. Le 7 mai suivant, après un entretien sur les moyens de continuer l'*Encyclopédie*, il raconte que d'Alembert lui a démontré l'impossibilité de ne pas donner dans les lieux communs, faute de liberté ; il constate que le gouvernement devient de plus en plus tyrannique. Dix ans plus tard, d'Alembert, « découragé, navré », écrit à Voltaire : Vous ne sauriez croire à quelle fureur l'inquisition est portée ; les commis à la douane des pensées, se disant censeurs royaux, retranchent des livres les mots superstition, tolérance, persécution (3).

(1) Le colporteur de qui il avait reçu les livres fut également mis aux galères, sa femme fut enfermée à la Salpêtrière. Diderot ajoute qu'ils furent piloriés, fouettés et marqués.

(2) LII, 3.

(3) En 1767, il dit qu'il appartient à Voltaire de rendre

Les effets d'un pareil régime dépassent tout ce qu'on imaginerait (1). Au moment de faire imprimer l'histoire de *Charles XII*, Voltaire écrivait : Il y a deux manières... La première c'est d'en montrer un exemplaire au président qui donnerait une permission tacite; la deuxième, d'avoir un de ces imprimeurs qui font tout sans permission. Dans le premier cas, on pourrait craindre que le président ne fît difficulté de laisser imprimer ici (à Rouen) un ouvrage dont on a suspendu l'impression à Paris par ordre du garde des sceaux. Dans le second cas, il y aurait

odieux et ridicules le fanatisme et la tyrannie ; qu'on lui en a d'autant plus d'obligation « qu'on ne peut plus attaquer ces monstres que de loin ; ils sont trop redoutables dans leurs foyers ». Il y aurait à citer ici une bonne partie des lettres de d'Alembert. Voici quelques lignes de celle du 7 octobre 1771, sur l'éloge de Fénelon fait par La Harpe et couronné par l'Académie française : « Il n'est que trop vrai qu'il y a un arrêt du conseil qui supprime le discours de La Harpe. Cet arrêt a été sollicité par l'archevêque de Paris et par l'archevêque de Reims... L'Académie a fait ce qu'elle a pu pour empêcher cette suppression... Tout ce qu'elle a pu obtenir, encore avec beaucoup de peine, a été que l'arrêt ne serait ni crié ni affiché, mais il est imprimé. Cet arrêt nous enjoint de faire approuver désormais, comme autrefois, les prix par deux docteurs de Sorbonne. Il y a quatre ans que nous avions cessé d'exiger cette approbation par des raisons très raisonnables... Les docteurs abusaient scandaleusement du droit d'effacer ce qu'il leur plaisait. »

(1) Il paraît que la propriété des eaux courantes n'est restée une matière si obscure qu'à cause du danger qu'il y avait pour les feudistes « à dire la vérité », et parce qu'il leur était interdit d'user des documents d'où serait sortie la lumière. (Championnière, introd., p. 6-7.)

/   1***

à craindre d'être découvert. Il est bien triste d'être dans ces transes et ces extrémités au sujet de presque tous les livres écrits avec un peu de liberté... Je vais vous envoyer le premier volume de cette histoire. C'est le seul exemplaire qui me reste de deux mille six cents qui ont été saisis après avoir été munis d'une approbation au sceau (1).

La *Henriade* était « supprimée si exactement » à Paris en 1728, qu'on ne pouvait se la procurer « ni pour or ni pour argent », quelque recherche que l'on fît. Imprimée avec permission tacite de Chauvelin et de Hérault, à l'insu du garde des sceaux, elle était tolérée en 1733 mais non admise « juridiquement ». En 1737 Voltaire quittait Cirey et se réfugiait en Hollande, de peur de la tempête qu'elle lui avait attirée (2).

Persécuté à Paris à cause du *Temple du goût* imprimé en Hollande, Voltaire voulut retarder la publication à Londres des *Lettres anglaises* ; bien qu'il eût

(1) LI, 199. Et encore : Le parti de parler au premier président est le seul raisonnable, quoiqu'il ne soit pas sûr. Il peut nous refuser, il peut craindre de se commettre, mais au moins gardera-t-il le secret, et surtout ne sachant pas que c'est moi qui lui demande cette grâce, il ne pourra pas m'accuser de vouloir faire imprimer un ouvrage défendu. LI, 202.

(2) LI, 367 ; LII, 413. Marais, III, 569. Mallet du Pan remarque (*Mémoires* I, 52), que si l'on se transporte au temps où les « terribles vérités » de la *Henriade* furent dites en vers sublimes, on appréciera « le courage du poète ».

rayé plus d'un endroit sur les quakers et les presby-
tériens, il craignait de n'avoir pas assez respecté les
impertinences scolastiques et avait renoncé à faire
paraître ces lettres en France. Divulguées malgré
lui, elles furent condamnées le 10 juillet 1734 et n'ont
été réimprimées que déguisées, éparses et mêlées
sous d'autres titres à d'autres écrits jusqu'à la fin de
l'ancien régime.

L'*élégie* sur la mort d'Adrienne Lecouvreur obligea
Voltaire à se cacher. La *voix du sage et du peuple*
appuyait la réforme préparée par le contrôleur général Machault, qui voulait que l'Eglise contribuât
aux charges de l'Etat en proportion de ses revenus.
Cet écrit, très modéré à tous égards, fut condamné
par arrêt du Conseil. Le Parlement ordonna de
brûler le *Poème sur la loi naturelle*.

Voltaire s'était donné « toutes les peines du monde
à rendre chrétien » un article destiné à l'*Encyclopédie* (1). La déclaration royale que Tocqueville n'a
pas voulu prendre au sérieux vint à paraître ; elle
produisit un effet tel que d'Alembert ne crut pas
possible d'admettre l'article rédigé avec tant de prudence : Voltaire dut faire de nouveaux « adoucisse-
ments ».

(1) LVII, 232.

En 1776, il adressa une lettre à l'Académie qui, après en avoir pris connaissance, la fit lire en séance publique par d'Alembert. Le libraire à qui d'Alembert la donna, l'imprima sans hésiter, ne doutant pas de la permission de la vendre : le garde des sceaux refusa l'autorisation (1).

Est-il besoin de dire les difficultés, les dangers qu'il y avait à publier des œuvres telles que le *Dictionnaire Philosophique* ?

En 1769, l'*Histoire du Parlement* se payait jusqu'à six louis. On avait tellement châtié les colporteurs qu'il ne s'en trouvait plus qui osât se charger de pareilles marchandises (2).

Pour parler un peu librement, Voltaire, qui aurait tant voulu vivre comme La Fontaine et ne pas être exilé comme Ovide, avait quitté Paris, le plus aimable pays de l'univers. Il vit brûler la *Diatribe du docteur Akakia* à Berlin et le *Dictionnaire Philosophique* à Genève ; même à Ferney et jusqu'à la fin de sa vie il se sentit menacé. En 1777, il craignait encore qu'on ne rendît un décret contre lui. Plusieurs fois il fut sur le point de prendre la fuite pour échapper aux vengeances des Parlements et des

(1) Voltaire en fut tout « ébaubi. » On finit par avoir une permission tacite.
(2) *Mémoires secrets* du 2 août 1769.

dévots. Selon d'Alembert il s'effrayait trop vite; mais Diderot écrivait à Mlle Volland, le 8 octobre 1768 : « Vous connaissez *l'homme aux quarante écus* et vous aurez bien de la peine à deviner pour quelle raison il se trouve dans un arrêt infamant. C'est la suite du profond ressentiment que nosseigneurs gardent d'un article du *Dictionnaire*... Ils ne pardonneront jamais à Voltaire... Je crains bien qu'en dépit de toute sa considération, de toute sa protection, de tous ses rares talents, de tous ses beaux ouvrages, ces gens-là ne jouent quelque mauvais tour à notre pauvre patriarche. Savez-vous bien qu'ils ont délibéré, il y a trois jours, de le décréter (1)? »

Les ennemis de Voltaire ne furent pas désarmés par sa mort. La manière indécente dont il fut enterré causa à Catherine un beau mouvement d'indignation. Pendant près d'un an on ne put parler de lui dans les journaux (2). Pendant plusieurs semaines il fut défendu de jouer aucune de ses pièces. A la veille de la Révolution, l'édition de ses œuvres qui est devenue célèbre sous le nom d'édition de Kehl ne pouvait être ni annoncée, ni exposée aux étalages des libraires.

(1) D'Alembert lui-même a reconnu que Voltaire n'était pas en sécurité. Il dit, à propos de la visite de Turgot qui ira le voir « en bonne fortune » : « Il ne faut pas qu'il s'en vante, ni vous non plus ».
(2) Aussi ne savait-on pas au juste où il était enterré.

Attaqué pour avoir, non sans beaucoup de restrictions, défendu Voltaire, Mallet du Pan fut réduit à
répondre que ce n'était pas faire son panégyrique
que de ne pas le regarder comme digne du bûcher.

Il n'était donc au XVIIIe siècle ni facile, ni prudent
de dire ce que l'on pensait. L'oppression entraîna
Voltaire à des actes regrettables.

Il renia une grande partie de ses ouvrages. On a
même signalé comme un trait caractéristique sa
« manie d'anonymat perpétuel et de pseudonymat
obstiné ». Cette manie était et très commune et
très ancienne (1). Je ne citerai ni Rabelais, ni La
Rochefoucauld, ni Bayle, qui ne sont pas d'assez ri-
gides moralistes; les exemples donnés par les hommes
de Port-Royal sont préférables. Non seulement ces
personnages austères avaient presque tous l'habitude
de se dérober sous de faux noms, mais ils se permet-

---

(1) « Cette manie de se déguiser sous de faux noms ou par
fantaisie ou par calcul, déjà très fréquente au IXe et au Xe siècle
se perpétua dans les siècles suivants... Des écrivains prudents
veulent rester anonymes ou prennent des noms supposés. »
V. Leclerc, discours sur le XIVe siècle. C'est aussi par prudence
que Voltaire ne met pas son nom à certains écrits : il craignait
un danger soit pour lui-même, soit pour l'ouvrage, comme dans
le cas d'*Alzire* qui serait mieux reçue si on ne savait pas qui
était l'auteur ; mais en d'autres cas son motif était différent :
il croyait qu'un nom sur un livre est peu nécessaire, presque
ridicule. Si on a « la rage » de le mettre, que ce soit sous une
forme modeste. XXVII, 221 ; LIX, 463. Il y a là un ordre d'idées
qui n'est plus le nôtre.

taient des désaveux bien graves. Saint-Cyran ne voulait pas convenir qu'il était l'auteur du *Petrus Aurelius*, et Sainte-Beuve conjecture qu'il l'avait dicté *exprès*, en se gardant de l'*écrire*, afin de pouvoir dire en conscience qu'il ne l'avait pas *écrit* (1). Pascal lui-même, Pascal dissimule, ruse, équivoque ; le Père Amat avait dit que l'auteur encore inconnu des *Provinciales* était le secrétaire de Port-Royal. Je ne suis point de Port-Royal, répondit Pascal (2).

Voltaire n'a pas parlé de ces reniements ; il en a mentionné d'autres plus voisins de lui. Buffon, Montesquieu, Helvetius « ont donné des rétractations,

(1) C'est Sainte-Beuve qui souligne ces trois mots. Pourquoi ne pas souligner aussi *en conscience* ?

(2) « S'il se croit en droit de soutenir qu'il n'en est pas à la lettre, s'il ajoute qu'il est sans attachement, sans liaison, sans relation, cela ne se peut entendre qu'en un sens quelque peu jésuitique. Si toutes les *Provinciales* étaient vraies comme cette assertion-là, il ne faudrait pas trop s'étonner que de Maistre eût mis à côté du *Menteur* de Corneille ce qu'il appelait les *Menteuses* de Pascal. » Sainte-Beuve. — Après Saint-Cyran et Pascal, il est peut-être superflu de nommer Racine ; cependant, comme il s'agit du Racine des derniers jours, du Racine austèrement religieux, je rappellerai sa lettre du 4 mars 1698 à Mme de Maintenon : « J'apprends qu'on m'a fait passer pour janséniste dans l'esprit du roi. Lorsque je faisais chanter dans *Esther* : Rois, chassez la calomnie, je ne m'attendais guère que je serais moi-même un jour attaqué par la calomnie. » En cet endroit Sainte-Beuve est faible, infidèle ; lui si exact d'ordinaire ne donne pas cette fois l'essentiel. Il « souffre de la souffrance d'un cœur si beau » : il devait souffrir plus encore de ce mot : calomnie ; il le supprime. Cela dérangeait son Racine.

cela est vrai ; mais il est encore plus vrai qu'ils y étaient forcés et que ces rétractations n'étaient regardées que comme des condescendances que l'on a pour des frénétiques : le public savait à quoi s'en tenir ». Le public devait être encore mieux édifié par des récits aussi invraisemblables, aussi comiques, que ceux qu'on lui faisait au sujet du *Dictionnaire Philosophique* (1). Voltaire n'espérait donner le change à personne, il était trop visible que ces histoires n'avaient rien de sérieux (2).

Aux désaveux il joignit des pratiques religieuses. Il allait à la messe, rendait le pain bénit « avec magnificence » et ne manquait pas d'en avertir ses correspondants (3). A plusieurs reprises il s'est confessé, a communié. Quelques-uns de ses amis le blâmèrent.

(1) Voltaire l'attribuait à un homme de lettres obscur de Lausanne qui avait eu une compassion imprudente pour un pauvre libraire chargé d'une nombreuse famille et accablé de dettes. Des membres du Conseil de Genève venus à Ferney pour un dîner avaient reconnu l'écriture et la signature d'un prêtre auteur de l'article Messie, etc.

(2) Il est dit dans les Mémoires de Bachaumont « qu'on ne peut assez s'étonner de sa confiance à croire qu'il fera prendre le change ». Il est vrai qu'un peu plus loin, dans le même recueil, on assure que ces désaveux inutiles n'ont pour but que d'attirer l'attention.

(3) Il termine une grande lettre destinée à être imprimée en disant qu'il part pour la messe de minuit. La lettre ayant paru avec la date du 23 décembre, il protesta qu'il n'en fallait pas conclure qu'il n'était pas allé à cette messe, LIX, 211, 323.

D'Alembert lui reprocha cette comédie; Condorcet trouvait sa conduite inexcusable (1).

Si j'avais entrepris une apologie, j'aurais beaucoup à dire à ceux qui s'autorisent de ces jugements pour jeter la pierre à Voltaire. Je m'assurerais d'abord s'ils trouvent bon que les libres penseurs ne fassent pas bénir leurs mariages par l'Église et n'envoient pas leurs enfants au catéchisme. Je chercherais ensuite si au XVIII siècle les institutions politiques et religieuses n'imposaient pas une sorte d'hypocrisie, si d'Alembert ne se croyait pas tenu de professer des opinions qui n'étaient pas les siennes, d'admettre la nécessité d'une révélation dans son discours en tête de l'*Encyclopédie* (2), de réclamer quand l'évêque du Puy le disait ennemi de la religion et de repousser comme une insulte cette « injuste imputation (3). » Je dirais surtout le soin avec lequel Voltaire marquait que ses pratiques religieuses n'impliquaient

(1) D'Argental n'était pas plus indulgent, à en juger par une lettre où Voltaire lui dit : Si j'avais cent mille hommes, je sais bien ce que je ferais, mais comme je ne les ai pas, je communierai à Pâques et vous m'appellerez hypocrite tant que vous voudrez.

(2) Les articles de l'*Encyclopédie* « qui devraient le plus éclairer les hommes sont précisément ceux dans lesquels on redouble l'erreur et l'ignorance du public. » LVII, 567.

(3) Je pourrais aussi rappeler la lettre de Rousseau à Montmolin, du 24 août 1762, que d'Alembert appelait une mômerie.

aucune espèce d'adhésion au dogme catholique, n'étaient que des sacrifices aux convenances sociales, et ne devaient être prises que pour de pures formalités.

A la suite de ses Pâques en 1768, il reçut de l'évêque d'Annecy la lettre suivante : « Bien des personnes ne sont rien moins qu'édifiées parce qu'elles s'imaginent que c'est une nouvelle scène que vous avez voulu donner au public... Pour moi, je ne saurais me persuader que M. de Voltaire eût été capable de dissimuler ses sentiments par un acte d'hypocrisie. Vous vous êtes confessé, vous avez même communié, vous l'avez donc fait de bonne foi, persuadé de ce que la foi vous dicte par rapport au sacrement que vous avez reçu. En perfectionnant l'ouvrage d'une conversion ébauchée, vous ne laissez plus aux gens de bien que le juste sujet de rendre grâces à Dieu. » Voltaire répliqua : « Votre lettre m'a étonné. Comment pouvez-vous me savoir gré de remplir des devoirs dont tout seigneur doit donner l'exemple dans ses terres?... Il serait bien extraordinaire qu'un seigneur de paroisse ne fît pas dans l'église qu'il a bâtie ce que font tous les prétendus réformés dans leurs temples à leur manière. Je ne mérite pas assurément les compliments que vous voulez bien me faire. » La réponse était si nette que l'évêque dut changer de langage : « Je n'ai pu qu'être très surpris, dit-il, que vous ayez supposé que je vous savais gré d'une communion de politique (1). »

En 1769, Voltaire, qui avait été forcé de renoncer à sa maison des Délices sur la territoire de Genève, parce qu'il n'avait pas assez ménagé Calvin, se vit menacé d'être expulsé de Ferney par l'évêque. Il prévoyait à la fois une lettre de cachet et une excommunication majeure; n'ayant pas la vocation du martyre, il se fit confesseur « d'une façon fort singulière ». Le curé de Ferney lui refusait la communion et exigeait une rétractation de ses mauvais ouvrages. « Rien ne doit s'opposer aux usages reçus, lui écrivit Voltaire; vous êtes sans doute instruit des règlements faits par le Parlement et je ne doute pas que vous vous conformiez aux lois du royaume (2). » Par acte notarié il fit constater qu'il pratiquait la

____

(1) Dans sa lettre du 2 mai 1768, l'évêque dit que la communion de Voltaire a plus scandalisé qu'édifié le public.

(2) Pour bien entendre ceci, il faut se souvenir que « rien n'était plus commun que de communier par arrêt du Parlement ». XXI, 352. On était au temps où les sacrements étaient administrés « la baïonnette au bout du fusil ». XXI, 349 ; XLVII, 199. Un curieux passage de Barbier montre de quelle façon les Pâques étaient envisagées par des gens qui n'étaient pas des esprits forts ; en 1739, le roi ne fait pas ses Pâques, « cela rend publique son intrigue avec Mme de Mailly... Nous sommes assez bien avec le Pape pour que le fils aîné de l'Eglise eût une dispense de faire ses Pâques en quelque état qu'il fût, sans sacrilège et en sûreté de conscience. III, 167.

religion catholique, qu'il voulait mourir dans l'observation de toutes les lois et dans la religion unie à ces lois. Mais en s'astreignant à la cérémonie qu'il pensait utile, il refusa de signer et même de regarder la rétractation qu'on attendait de lui, si bien que le curé et le confesseur, effrayés après coup de ne pas avoir sa signature, fabriquèrent un faux pour attester une confession qui n'avait pas eu lieu.

Quant à la petite déclaration de 1778, de l'aveu du prêtre qui la reçut, elle ne signifiait pas grand'chose, et quelques jours après la confession du mois de mars, confession que d'Alembert jugea opportune et conseilla, Voltaire accompagna Lalande à la loge des Neuf-Sœurs où il fut reçu franc-maçon (1). On sait enfin comment, à son lit de mort, il nia la divinité de Jésus-Christ. Nous pourrions donc soutenir qu'il fut plus ferme en son attitude, moins dissimulé qu'on ne le représente, et que les actes que l'on incrimine n'eurent pas la gravité qui leur est attribuée. N'insistons pas. Condamnons-le autant que l'on voudra : oui, il fut hypocrite, il fut menteur, il fut lâche ; mais pourquoi?

Sans doute les moyens ne sont pas justifiés par la fin ; ils ne doivent pas non plus la faire méconnaître.

(1) Peut-être l'était-il déjà.

On s'est mépris sur celle de Voltaire. C'est un peu sa faute. Son langage est souvent celui d'un homme qui ne se dément que pour avoir la paix : « Je veux mourir dans ma patrie avec mes amis et je jetterais plutôt dans le feu les *Lettres Philosophiques* que de faire encore un voyage à Amsterdam... Il faut une bonne fois pour toutes me procurer du repos. La liberté a quelque chose de céleste, mais le repos vaut encore mieux... On dit qu'il faut que je me rétracte : très volontiers... Je dirai tout ce qu'on voudra pour qu'on me laisse en repos. »

Qu'est-ce que cela prouve ? Qu'il voulait la tranquillité à tout prix ? Il ne dépendait que de lui d'en jouir. Le moyen était bien simple : il n'avait qu'à garder le silence. En 1735, pendant qu'il se cachait à Cirey après les *Lettres Philosophiques*, le lieutenant de police lui fit savoir qu'il pourrait rentrer à Paris, s'il ne s'occupait plus d'objet donnant lieu contre lui aux mêmes sujets de plainte. Qu'il se taise, on ne l'inquiétera plus. Mais Voltaire veut parler, il ne veut que cela, il parlera (1). Vous croyez qu'il ne songe qu'à fuir un danger : il ne fait en réalité que courir à un autre. Ses actes de faiblesse sont autant de

---

(1) « Il faut à tout moment le sauver de lui-même, » écrit Mme du Chastellet à d'Argental à propos de ce que Voltaire veut imprimer.

preuves d'une résolution indomptable. Tandis qu'on les étale et qu'on cherche à l'en accabler, je songe aux hommes célèbres qui, à la suite de Descartes supprimant son traité de physique au lendemain de la condamnation de Galilée, se sont prudemment résignés au silence, ou du moins ont abandonné des voies trop périlleuses : je songe à Fontenelle renonçant à la critique et à l'histoire parce que son repos lui était plus cher que ses opinions ; à Fréret, cet homme de génie qui aurait avancé d'un siècle la science de nos origines et qu'un séjour à la Bastille détourna de notre histoire nationale (1) ; au marquis de Mirabeau et à Quesnay dégoûtés de leur rôle d'apôtres à compter du jour où le marquis fut exilé au Bignon ; à d'Alembert vaincu par le découragement, sourd aux instances de ses amis qui le conjurent de ne pas déserter l'*Encyclopédie* (2) ; je vois d'autre part Voltaire debout contre

(1) Ce sont les termes d'Aug. Thierry.

(2) Il écrit : « Vous me reprochez de la tiédeur, mais la crainte des fagots est très rafraîchissante... Je deviens presque imbécile de découragement. » — Je ne nomme pas ici Rousseau : ce n'est peut-être pas par prudence qu'après les *Lettres de la Montagne* il quitte la lutte et ne donne plus que des rêveries pendant les quatorze années qu'il a encore à vivre. Notons seulement un fait : M. Sayous, qui lui est très favorable, avoue que pendant que Voltaire défend les Calas, Rousseau, qui a près de vingt ans de moins, sollicité de plaider pour les protestants, répond : » Il est temps de songer à la retraite, » et se récuse.

l'ennemi pendant trois quarts de siècle et excité
par chaque nouveau péril à des audaces nouvelles (1) ; je vois cet être inquiet, timoré (2), ce « pol-
tron avéré », fournir de jour en jour un grief de plus
contre lui, alors qu'il n'a plus qu'à se répéter, alors
que les ans écoulés, les travaux accumulés, la gloire,
lui donneraient le droit de se retirer du combat ; et à
mesure que sa voix, au lieu de faiblir en vieillissant,
s'étend sur le monde, se fait de plus en plus reten-
tissante, plus hardie, plus terrible, plus vengeresse,
je me rappelle ces paroles de d'Argenson : « Voltaire
craint les moindres dangers pour son corps, mais il
a dans l'âme un courage digne de Turenne et de Gustave-Adolphe, » et je dis avec Frédéric : Voltaire est
un héros.

(1) Le spectre de La Barre lui apparaît et lui dit : *Heu ! fuge
crudeles terras.* Voltaire répond : *Sed contra audacior ibo.* LXV,
520.

(2) N'exagérons rien : Voltaire est timoré, mais il paraît avoir
en tout temps envisagé la mort « avec l'intrépidité digne d'un
grand homme ». Voir Wagnière, I, 203, et les *Mémoires secrets,*
13 mai 1762.

CHAPITRE IV.

L'ÉCRIVAIN.

La devise de Voltaire exprime bien ce qu'est son œuvre. L'art d'écrire se résume pour lui en ces mots : dire ce qu'il pense. Il n'écrit ni par métier, ni pour son plaisir, ni même pour la gloire ; il écrit pour mettre son âme sur le papier, pour agir, parce qu'il a un sujet qui s'empare de lui, et alors il n'épargne pas sa peine ; autrement il garde le silence. Il veut que le cœur parle ou que l'auteur se taise. Il défend de faire ni vers ni prose, même d'écrire le moindre billet si l'on ne se sent pas en verve. Malheur à qui écrit parce qu'il croit devoir le faire (1) !

Il faudrait donc avoir le diable au corps ! s'écriait Mlle Dumesnil à qui il expliquait comment on doit

______

(1) LXI, 401 ; LXV, 129, 144 ; XIII, 233 ; LXI, 435-6. — « J-Jacques écrit pour écrire, et moi j'écris pour agir. » LXIV, 194. — « Ce que j'aime dans Voltaire, dit Saint-Marc Girardin, c'est qu'en lui, si l'homme de lettres marche le premier, il ne marche pas seul ; derrière l'écrivain il **y** a l'homme. » Saint-Marc Girardin dit mal ; l'homme n'est pas derrière. Il doit aller avant, selon Voltaire, LIII, 147, et chez lui va **avant** en effet ; ou plutôt il n'**y** **a** pas chez lui un homme et un écrivain, il n'y a qu'un homme.

jouer la tragédie. Vraiment oui, répliqua-t-il, c'est
le diable au corps qu'il faut avoir.

Le précepte est admirable, mais Voltaire seul a
pu le donner sans craindre d'en être embarrassé,
sachant bien qu'à aucun moment la verve ne lui
ferait défaut et que le diable ne le quitterait jamais.

On vante beaucoup son esprit. Outre que le mot
est bien vague (1), il ne convient dans aucune de ses
acceptions pour marquer l'excellence de Voltaire et
expliquer sa supériorité. Au sens où on le prend le
plus souvent, il désigne quelque chose que Voltaire
jugeait peu estimable, nuisible au goût et à la clarté.

Je jetterais mon ouvrage, disait-il, si je croyais
qu'il fût regardé comme l'ouvrage d'un homme d'esprit ; donnez de l'esprit à Duclos, mais gardez-vous
bien de m'en soupçonner... L'esprit court après les
pensées, les sentences, les antithèses, les réflexions,
les contestations ingénieuses, c'est ce qui perd la
littérature. »

Il vaudrait mieux parler de son bon sens, malgré
sa servante Barbara qui ne comprenait pas qu'il y
eût des gens assez bêtes pour lui en trouver seulement une once. Mais ce qui fait que Voltaire est

(1) « Le mot *esprit* est un de ces termes vagues auxquels tous
ceux qui le prononcent attachent presque toujours des sens
différents. » XXIX, 221.

unique, c'est sa façon naturelle, simple, rapide et claire de présenter les choses (1), et cette façon tient à l'observance scrupuleuse de sa règle : dire ce qu'on pense, rien que ce qu'on pense, exactement comme on le pense.

Jamais il ne dépasse ce qu'exige l'idée ou le sentiment qui l'anime. « Pourquoi un volume, si quelques pages suffisent ? Il ne faut pas multiplier les êtres sans nécessité. » On écrit tant qu'il est honteux d'écrire. « Deux tomes contre deux pages, c'est trop ; deux lignes contre deux tomes, voilà ce qu'il faut. N'écrivez pas même ces deux lignes... Dans les collèges on donne des prix d'amplification ; c'est enseigner à être diffus. Il vaudrait mieux récompenser celui qui aurait resserré sa pensée et qui par là aurait appris à parler avec plus d'énergie. Au lieu d'appeler l'amplification une belle figure de rhétorique, on devrait l'appeler un défaut. Quand on dit tout ce qu'on doit dire, on n'amplifie pas, et quand on l'a dit, si on amplifie, on dit trop (2). »

Son goût pour la brièveté a été fortifié par le fait

(1) « Lorsqu'il se mêle de dire les choses, il les dit plus nettement que personne et à moins de frais. » Sainte-Beuve.

(2) XXXVIII, 387 ; LVII, 543 ; XXX, 264 ; XXVI, 281. Les exemples que Voltaire donne de ce qu'il entend par amplification sont bien remarquables. Les beaux vers *Nox erat...* en seraient une et une ridicule si le *at non infelix animi Phœnissa* n'était là pour les justifier par un contraste admirable. XXVI, 284.

que les Anglais auraient éclairé le genre humain s'ils
n'avaient pas noyé la vérité dans des livres qui las-
sent la patience des gens les mieux intentionnés. Un
des grands mérites de Racine, au contraire, est de ne
dire que ce qu'il doit, lorsque les autres disent tout
ce qu'ils peuvent (1).

Cette sorte de probité qui empêche Voltaire d'être
long, l'exempte aussi de recherche et d'affectation ;
je ne dis pas d'exagération, il a trop de véhémence
pour garder toujours une juste mesure : mais ce qui
est excessif chez lui, c'est l'impression, non l'expression. Il n'a pas un mot qui ne soit en accord parfait
avec la pensée et ne serve à la manifester aussi fidèlement que possible. Excepté au théâtre où les
besoins de sa fiction l'amènent à « tâcher », nulle
part vous ne l'entendrez déclamer, forcer le ton,
entasser les ornements comme un marchand qui
pare sa marchandise. Il n'est pas d'humeur à perdre
son temps dans ces manœuvres. Ce sont les eaux
des marécages qui se couvrent de larges fleurs écla-
tantes, non les sources vives qui bouillonnent sur le
flanc des montagnes.

Si j'osais vous donner un conseil, dit-il, ce serait
de songer à être simple, à ourdir votre ouvrage

(1) LVII, 661 ; XXVI, 293.

d'une manière bien naturelle, bien claire. N'ayez
point d'esprit... Encore une fois, plus de simplicité,
moins de démangeaison de briller. Allez vite au but,
ne dites que le nécessaire... Ceux qui cherchent des
phrases ne le font que parce qu'ils manquent
d'idées ; ils sont comme ces gens qui dansent toujours parce qu'ils ne peuvent marcher droit. Les
bons discours sont fermes et serrés, sans aucun
lieu commun, sans épithètes, sans phrases (1).

Si vive est son aversion pour tout ce qui n'est pas
l'expression exacte et personnelle de son sentiment
propre, qu'il ne s'habitue pas aux locutions impo-
sées par l'usage. Tout ce qui est banal, de convention, lui répugne. Il n'aime pas à se servir d'une
formule toute faite, à mettre à la fin d'une lettre :
Votre très humble serviteur. Il porte envie aux
anciens qui n'étaient pas astreints à ce cérémo-
nial, et quand la nature de ses relations avec un
correspondant l'y autorise, il s'en dispense. « Per-
mettez, dit-il, qu'en philosophe je finisse sans com-
pliment ordinaire (2). »

Grâce à sa sincérité, à son horreur de la rhétorique, il lui fut donné pendant soixante ans de se re-

(1) LIV, 112 ; LII, 154 ; XXXIV, 361.
(2) LVI, 762 ; 281. Il ajoute: et sans signer. Mais ce dernier
trait ne lui est pas particulier, beaucoup de personnes faisaient
de même.

nouveler sans cesse, de n'être ni monotone ni fati-
gant en revenant vingt fois sur les mêmes matières
et, ce qui est peut-être sans exemple, de rester
affranchi de tout procédé (1).

C'est peine perdue d'étudier son style pour en
saisir les secrets : on n'y découvrira pas ombre d'artifice. Il dit à Thieriot que leur correspondance doit
être sans peine, sans effort ; il y a plaisir à griffon-
ner une lettre, mais à condition de la faire comme
on parle à son ami ; une autre façon d'écrire lui
serait insupportable. Il ne paraît guère s'y être pris
différemment en aucun cas. On a les brouillons de
quelques lettres importantes adressées à Frédéric ;
les variantes que Beuchot y a relevées sont pour la
plupart fort peu considérables. Les grands ouvrages ont été souvent remaniés, plusieurs ont subi de
nombreux et notables changements ; en général, ces
changements sont des additions ou des suppres-
sions. Voltaire n'arrange pas comme Rousseau
pendant des heures des paroles laborieuses. Il ne
s'embarrasse pas de toutes les règles dont nous

(1) Si l'on peut surprendre chez lui quelque chose qui ressemble à un procédé, c'est dans ses premiers écrits. Il lui arrivait, par exemple, de prolonger un peu lourdement une période
dont il répétait les premiers mots en les accompagnant d'un
« dis-je » après des propositions incidentes. Cela disparut ou
devint insensible de très bonne heure.

sommes empêtrés. Les répétitions de mots sont encore plus fréquentes chez lui que chez nos autres grands écrivains. Il n'abuse pas des conjonctions et des pronoms comme Bossuet, mais pourvu que l'effet n'en soit pas pénible et que le sens reste clair, il en use largement (1). Il est coutumier de certaines incorrections. Les infractions à la grammaire qui se rencontrent dans ses meilleurs ouvrages, ne sont probablement pas toutes de son fait ; il en est qui viennent sans doute de ses secrétaires, des copistes, des imprimeurs, mais pour quelques-unes le doute paraît impossible : c'est bien à lui qu'elles appartiennent.

N'allez pas en conclure qu'il soit peu soucieux de la forme. Il trouve que les choses qu'on dit frappent moins que la manière dont on les dit, que l'expression, le style fait toute la différence (2). Quelqu'un

---

(1) « Il suffit qu'on n'ait pu attribuer de fausses réponses qu'à des oracles qu'on savait qui subsistaient. » Il est vrai que peu de passages en sont aussi chargés que celui-là ; je n'ai rien vu chez lui de comparable à plusieurs endroits de Bossuet, tels que cette ligne du *Discours sur l'histoire universelle* : « Vous apprendrez ce qu'il est nécessaire que vous sachiez, qu'encore qu'à ne regarder que les rencontres... »

(2) XXXII, 246. — « La grâce en s'exprimant vaut mieux que ce qu'on dit. » XVI, 68. Si l'on était tenté d'abuser de ces paroles pour soutenir que Voltaire méconnaissait le rapport intime, le lien indissoluble qu'il y a entre le fond et la forme, il faudrait lire ce qu'il dit de Corneille qui dans ses beaux morceaux est aussi pur que sublime, tandis que les scènes les plus froides

a enseigné qu'il faut écrire comme on parle : Voltaire y consent, pourvu que le sens de cette loi soit qu'il faut écrire naturellement. Mais qu'elle ne devienne pas un prétexte à des négligences qui froissent l'oreille ou la raison ! Il les proscrit avec une sévérité extraordinaire. Il demande en grâce à d'Olivet de ne pas écrire sans verbe : « nul style, nul goût dans la plupart. Cette licence n'est pardonnable que dans la rapidité de la passion qui ne prend pas garde à la marche naturelle d'une langue ; mais dans un discours médité cet étranglement révolte (1) ». Il ne souffre pas de formes poétiques dans ce qu'il convient de dire uniment. Il attache une importance extrême à garder exactement le ton qui convient à chaque sujet, à bien assortir le style à la matière traitée (2).

Il voudrait faire revivre les locutions pittoresques et énergiques dont nos vieux auteurs, surtout Rabelais, Montaigne, Amyot et Charron avaient tiré un excellent parti et que l'on a laissé tomber en désué-

de ses pièces sont celles où l'on trouve le plus de vices de langage : « Ces scènes n'étant point animées par des sentiments vrais et intéressants et n'étant remplies que de raisonnements alambiqués, pèchent autant par l'expression que par le fond. »

(1) Lui-même a dit pourtant sans verbe : point de manufactures chez les chrétiens d'Europe. XVII, 46.

(2) XXXII, 250 ; LII, 154 ; XXIX, 504 ; XXX, 43 ; LXIII, 527.

tude (1). Certaines façons de parler généralement admises, telles qu'invoquer un témoignage, surprendre la religion, sont au contraire rejetées par lui comme entachées d'emphase ou d'affectation ; il n'admet pas que l'on cultive l'espérance, qu'une philosophie soit parlière, que l'âme se fonde comme l'eau. Il ne condamne pas moins les expressions qui ont quelque chose de négligé, de lâche, de rampant ou d'incorrect (2).

C'est un artiste et même un très grand artiste, quoi que l'on puisse dire. Il y a en effet plusieurs manières de l'être.

Chez la plupart des grands écrivains, les beautés sont frappantes, s'aperçoivent d'abord comme ces arbres isolés qui, croissant de loin en loin au milieu des landes ou des rochers, sont visibles de toutes parts, attirent l'attention par la ligne vigoureuse qu'ils dessinent sur le ciel, par la tache puissante qu'ils font dans le paysage. Dans les vastes futaies où toutes les cimes forment un dôme continu, les

(1) Lorsqu'il entreprit de commenter Corneille, il se proposait de faire plus d'une remarque sur ces mots qui ont vieilli parmi nous ou même qui sont hors d'usage. Entre autres expressions que nous n'aurions pas dû bannir, il cite le vers : Avez-vous su l'état qu'on fait de Curiace ? L'état ne se dit plus, ajoute-t-il, et je voudrais qu'on le dît. — J'ai relevé cette observation parce qu'elle paraît avoir échappé à Littré.

(2) XXIX, 502 ; XXX, 536 ; XIX, 496-7.

chênes les plus superbes se distinguent à peine et ne se révèlent pleinement qu'aux amis qui les recherchent et les embrassent. De même que l'on passe devant eux sans les remarquer, on laisse échapper sans en soupçonner la valeur tel mot de Racine qui chez Corneille serait célèbre et acclamé. Voltaire est à cet égard de la famille de Racine. Les tableaux, les récits, les traits admirables dont il est plein ne sont pas mis en évidence, en saillie, de façon à nous arrêter; il semble au contraire qu'il n'a pas voulu qu'ils fussent séparés de ce qui les entoure, ou plutôt il n'a pas songé qu'ils pussent l'être.

Ils sont si bien à leur place que c'est dans cette place qu'il faut les voir : on ne montre pas par des citations le mérite de ce qui n'a tout son prix qu'à condition de ne pas être isolé. Prenez certains chapitres entiers, par exemple le récit de la conquête des Deux-Siciles par les Normands; faites mieux, lisez d'un bout à l'autre l'*Essai sur les mœurs*, en cherchant les beautés qui échappent au premier coup d'œil. Vous seriez bien à plaindre si vous n'étiez émerveillé de ce que vous rencontrerez de profond, d'ingénieux, de pittoresque, de grandeur simple, de vie intense, de couleur toujours sobre mais singulièrement énergique. Il y a là un art qui n'a rien de raffiné ni de subtil, rien

de commun avec la savante esthétique de notre
temps ; il se montre si peu qu'on le croirait absent (1).
Qui a jamais eu l'idée de louer la tempête de *Candide*? Un seul homme peut-être ; il est vrai que
celui-là est le plus compétent de tous, l'auteur de
la *Barque de don Juan*, de *Jésus dormant pendant
l'orage* et de tant d'autres marines prodigieuses (2).

On va avec Voltaire aussi haut qu'avec qui que ce
soit, seulement l'ascension ne se fait guère sentir. Il
n'a pas de ces essors brusques qui essoufflent et qui
étonnent. Il nous emporte d'un vol si égal et si facile
qu'à peine nous sentons-nous monter et que nous
arrivons presque à notre insu jusqu'aux sommets
les plus fiers.

(1) Dans l'*Essai*, dit Nisard, à la différence du style précieux,
ce sont les beautés et non les défauts qui se cachent.

(2) Delacroix vient de parler de l'unité des grandes œuvres
d'art. Il se demande si cet ensemble si rare doit sortir de l'a-
bondance des développements ou d'une concision énergique ;
il montre que Shakspeare, qui nous arrête souvent par son
bavardage, y arrive aussi bien que Voltaire qui ne donne
qu'une touche, et il renvoie à la tempête de *Candide*.

CHAPITRE V.

Il ne démord jamais de son opinion! Cet éloge donné à Thomas Diafoirus par son père, Voltaire ne le mérite pas. Il ne se pique pas, comme le font tant de gens, d'errer indéfiniment dans les mêmes ornières. Pour ne pas changer d'avis, il lui faudrait des yeux moins ouverts, des impressions moins fortes, un esprit moins éveillé, en un mot, moins de vie. Il ne connaît qu'un moyen de ne pas varier, c'est de ne rien dire du tout. Vainement au milieu de ce chaos d'absurdités qu'est le monde, il a tâché de se préserver des contradictions. Sur la Providence, sur la création, sur la liberté métaphysique et quelques autres sujets également obscurs, il n'a pas toujours pensé de même. Aussi a-t-il été pris pour un sceptique incapable d'une ferme conviction et n'arrivant, après avoir affirmé les thèses les plus opposées, qu'à plonger ses lecteurs dans l'incertitude (1). Mais quand on est vraiment sceptique, on veut humi-

---

(1) Cousin l'appelle le scepticisme « sous sa livrée la plus brillante et la plus légère ».

lier la raison humaine et « la froisser invincible-
ment de ses propres armes », à moins que l'on
ne prenne tranquillement le parti de reposer sa
tête « sur le doux chevet de l'ignorance et de l'in-
curiosité ». Voltaire n'est ni hostile à la raison, ni
enclin à s'endormir sur aucun oreiller. Si, « comme
Cicéron, » il doute de beaucoup de choses, il ne
doute pourtant pas de tout. Parlez-lui des illusions
des sens, de l'impossibilité de connaître le non-
moi , démontrez-lui qu'il ne devrait pas croire
à la réalité du monde extérieur : il va s'essayer à
penser comme vous ; il n'y parviendra pas. « Je n'y
puis que faire... Accordons pour un moment à ces
messieurs encore plus qu'ils ne demandent : ils
prétendent qu'on ne peut leur prouver qu'il y a des
corps. Que s'ensuivra-t-il de là ? Nous conduirons-
nous autrement dans notre vie? Aurons-nous des
idées différentes sur rien? Il faudra seulement
changer un mot dans ses discours. Lorsque, par
exemple, on aura donné quelque bataille, on dira que
dix mille hommes ont paru être tués, qu'un tel
officier semble avoir la jambe cassée, qu'un chi-
rurgien paraît la lui couper. De même quand nous
aurons faim, nous demanderons l'apparence d'un
morceau de pain pour faire semblant de digérer (1). »

(1) XXVII, 305-7.

Qu'à la suite de Pascal et de Montaigne qui trouvent inutile d'approfondir l'opinion de Copernic « dont il ne doit pas nous chaloir », Frédéric vienne à parler légèrement de ce que Voltaire regarde comme une vérité géométrique, il reçoit aussitôt une réprimande très nette et très ferme. Il n'y a qu'un bonnet d'âne à mettre sur la tête du savant qui s'imagine connaître la matière et, qui pis est, l'esprit ; mais nous sommes en possession de certaines vérités indiscutables, et Voltaire ne doute pas plus de la méthode qui permet de prédire une éclipse que du plaisir qu'il goûte à Cirey, surtout depuis qu'il correspond avec Frédéric. Combien d'autres choses encore le touchent trop profondément pour qu'il les mette en question ! Le raisonnement aurait beau le conduire au scepticisme, son tempérament l'en sauverait.

A tout prendre, son œuvre a une grande unité et ses contradictions sont peu graves.

Quand on est aux prises avec vingt adversaires, on lance ses répliques dans la mêlée sans en bien calculer toute la portée ; quand on écrit jusqu'à trente lettres par jour, on n'a pas le temps de les relire. Voltaire n'imagine pas que chaque parole qu'il prononce sera recueillie. Observés d'aussi près que lui, les personnages réputés les plus immuables ne tarderaient pas à perdre leur renom. Ce qu'il dit, il le pense en toute sincérité au moment où il le dit, mais il y mettrait souvent un correctif s'il était averti du parti qu'on en tirera.

« Il faut se moquer de tout et laisser aller le monde comme il va... Il ne faut songer qu'à vivre avec soi-même et avec ses amis. Je finirai par renoncer à penser tout haut, c'est le parti le plus sage. » Nous avons vu ce qu'il convient de penser de ces déclarations. Beaucoup de boutades du même genre ont été prises au pied de la lettre. Pour connaître ce qu'elles valent, il n'y avait pourtant qu'à tourner la page.

En 1756, il suit avec une véritable anxiété les péripéties de la guerre de Sept Ans. « Mon Dieu ! que je m'intéresse à cette bagarre ! dit-il. Je suis fâché d'être si loin. On sèche en attendant les nouvelles. » Si quelques semaines après il dit : « Voilà probablement le système de l'Europe qui va changer, mais que nous importe ! » ce n'est pas que la curiosité et la sollicitude aient fait place à l'indifférence, cela signifie seulement qu'à cette minute-là il a en tête quelque tragédie ou quelque procès ou quelque autre besogne à laquelle, selon son habitude, il se donne tout entier.

On a relevé ces deux lignes sur le pasteur protestant Rochette : « Qu'on pende le prédicant ou qu'on lui donne une abbaye, cela est fort indifférent pour le royaume de France. » Comment n'a-t-on pas vu qu'il n'a ce ton léger que parce qu'il s'adresse à Richelieu et qu'il sait que cette façon de parler est la meilleure pour être écouté de lui ? En fait, dans la même lettre, il travaille à sauver Rochette, il montre que si les édits contre les protestants réduisent les magistrats à prononcer une condamnation, on a grand intérêt à ce qu'elle ne soit pas exécutée ; en obtenant la grâce du pasteur, Richelieu deviendra l'idole des huguenots (1). Un jour où il s'agit des Calas, Voltaire a le même air insouciant ; il vient d'exprimer l'horreur que lui cause leur affreuse aventure, brusquement le ton change : « J'aime mieux pourtant rejouer Cassandre et labourer mes champs. O le bon parti que j'ai pris (2) ! » Ne dirait-on pas qu'il va se consoler de la sentence du Parlement de Toulouse ?

Il trouve honnête et modeste la proposition d'étrangler le dernier jésuite avec les boyaux du dernier janséniste. Est-ce sérieux ? A la même date, il ne veut pas même qu'on supprime les jésuites, il

(1) LX, 83. Un mois auparavant, il avait déjà écrit à Richelieu quelques mots en faveur de Rochette.
(2) LX, 218.

demande qu'on les soutienne et qu'on les contienne, et telle est bien sa ferme opinion.

Au commencement de l'année 1762, il prétendit avoir écrit *Olympie* bien moins pour faire une tragédie que pour avoir occasion de faire un livre de notes sur les mystères, les expiations, les devoirs des prêtres. On le] prit au mot, et dans la plupart de ses pièces de théâtre on ne vit plus que des œuvres de polémique irréligieuse et de propagande philosophique. Or, quatre mois plus tôt il écrivait à d'Argental : « Nous répétions Mérope... Je disais : Voilà qui est intéressant. Ne pourrais-tu faire quelque pièce qui tînt de ce genre vraiment tragique? Le diable alors entra dans mon corps : le diable, non pas, c'était un ange de lumière... L'enthousiasme me saisit... » Il continuait en expliquant l'effet que produirait son nouvel ouvrage s'il était bien joué, joué, entendez-vous? avec ces sanglots étouffés, ces larmes involontaires, ces silences terribles, cet accablement de la douleur, cette mollesse de sentiments, cette douceur, cette fureur qui passent dans l'âme des écoutants (1). De polémique ou de propagande, pas un mot. Plus tard il s'est refroidi, il a jugé son

____

(1) **LX**, 186, 24, 26, 168. Il dit encore à propos d'*Olympie* : La rage s'empara de moi, le sujet me portait à pleines voiles. **LX**, 31.

œuvre avec sévérité, s'est avisé d'écrire ses fa-
meuses notes. Elles l'ont passionné à leur tour, et la
pièce ne lui a plus été qu'un prétexte pour les
publier : toujours est-il que le démon du théâtre
seul la lui avait dictée.

Il est plein de contradictions semblables à celle-là.
Ce sont paroles légères sur lesquelles il ne faudrait
pas s'appesantir.

Acharné à démontrer que le *Pentateuque* n'est
pas de Moïse, il a traité avec dédain le problème
qu'il ne se lassait pas de discuter (1). Il a regretté
le bon vieux temps :

> O l'heureux temps que celui de ces fables !
> On a banni les lutins et les fées...
> Le raisonner tristement s'accrédite,
> On court, hélas, après la vérité ;
> Ah ! croyez-moi, l'erreur a son mérite.

Ne désespérons pas de le voir quelque jour soupçonné d'obscurantisme parce qu'il a célébré la fée
Urgèle.

Le plus souvent, les passages qui semblent discor-
dants se concilient au fond à merveille.

Au lendemain de son arrivée en Angleterre, le vent
tourne, tout le monde change aussitôt d'humeur et
prend un air triste et morose. Entre les deux por-

(1) xxx, 30.

traits si vivants qu'il trace de cette société, le contraste est saisissant (1). Pour avoir dit les différents
aspects de l'Angleterre et du peuple anglais, s'est-il
contredit ?

Dans les *Dialogues d'Evhemère*, Callicrate se plaint
que son interlocuteur lui expose en toutes choses
le pour et le contre. C'est, répond Evhemère, que
toutes choses ont un bon et un mauvais côté.
Voltaire ne manque guère de montrer tour à tour
ces deux côtés. Selon les circonstances, selon la
personne à qui il a affaire, il s'attache tantôt à l'un,
tantôt à l'autre, peignant chacun d'eux avec tant
de zèle qu'il paraît oublier que ce côté n'est pas
le seul, qu'il l'oublie en effet. Il ne se déjuge pas
pour cela. La mesure lui est chère, et pour peu
qu'on la dépasse ou qu'il la dépasse lui-même, ce
qui est fréquent, il cherche à y revenir, sauf à la
dépasser dans le sens opposé. En bien des endroits
où il semble léger, inconstant, versatile, il n'est
que clairvoyant et impartial. On a présenté sa lettre
à Deodati de Tovazzi comme une rétractation de
ce qu'il avait écrit ailleurs sur la langue française :
je n'en juge pas ainsi. Il s'était affligé de l'appau-
vrissement du français et s'était vivement plaint de

(1) XXXVII, 30.

quelques règles gênantes : il n'avait pas méconnu
les merveilleuses ressources de notre langue. Plus
tard, impatienté par un éloge excessif de la littérature italienne dans lequel le français était « déprisé »,
il put sans inconséquence aucune vanter la force,
la grâce, la clarté incomparable de nos grands écrivains.

« Les contrastes sous lesquels on représente dans
l'histoire les hommes publics ne sont pas des contradictions, ce sont des portraits fidèles. Tous les
jours on condamne et on admire Alexandre le meur-
trier de Clitus, mais le fondateur d'Alexandrie, César
le débauché qui vole le trésor public pour asservir
sa patrie, mais dont la clémence égale la valeur et
dont l'esprit égale le courage... J'ai quelquefois
entendu dire d'un bon juge plein de goût : Cet
homme ne décide que par humeur, il trouvait hier
le Poussin un peintre admirable, aujourd'hui il le
trouve médiocre : c'est que le Poussin a mérité de
grands éloges et des critiques. »

CHAPITRE VI.

LE CRITIQUE.

Voltaire médita quelque temps sur l'art et sur les règles de l'art. Il reconnut la vanité de ces spéculations et se détermina à ne point faire un traité du beau. Au lieu de discourir avec pesanteur de ce qu'il faut sentir avec transport, il se laissa aller de bonne foi, comme le conseille Molière, aux choses qui le prenaient par les entrailles, sans chercher de raisonnements pour s'empêcher d'avoir du plaisir ou pour s'en donner. Il refusait de condamner les fautes contre l'esthétique qui font le charme du genre humain. Il refusait également de s'associer aux admirations de commande qui empêchent d'avouer aux autres et à soi-même l'ennui que l'on éprouve, et qui font pousser des exclamations nullement sincères. Quand la mer monte à l'horizon comme un mur qui enferme la vue dans un cercle étroit, on continue de répéter imperturbablement qu'elle donne le sentiment de l'infini. Voltaire n'a pas de ces partis pris. Il ne juge pas d'une œuvre par la signature et ne se passionne pas pour un nom. Une seule fois l'enthousiasme lui a imposé une réticence : c'est à propos de Cicéron. Après un magnifique éloge, arrivé aux côtés faibles de ce grand homme, le respect l'arrête, il ne veut pas faire quelque chose qui ressemblerait à une satire.

Racine qu'il a tant goûté, tant vanté, qu'il a en toute occasion défendu si chaudement, « l'admirable Racine non assez admiré, » n'échappe pas à ses critiques. Apercevant des fautes dans *Esther*, dans *Mithridate*, dans *Bérénice*, dans *Britannicus*, et même de très légères il est vrai, dans *Athalie*, Voltaire les dit sans ménagements (1).

Il écrivit avec la même sincérité les *Commentaires sur Corneille*. Aucun de ses écrits en prose ne servit de prétexte à plus d'injures. On prétendit qu'il n'avait cherché qu'à rabaisser Corneille par basse jalousie et vil intérêt : « ce fut un cri général et terrible. » Malgré les remarques très justes de Grimm, de Condorcet et de quelques autres qui s'efforcèrent de faire entendre raison au public affolé, l'accusation eut un succès qui dure encore à la fin du xix siècle. C'est pourtant, de toutes celles qui ont été

_____

(1) Quelques-unes de ses critiques sur *Bérénice* sont de trop. Nous aurions peine à les lui pardonner s'il ne nous consolait par l'éloge qu'il fait de cette œuvre merveilleuse.

intentées à Voltaire, une des plus faciles à repousser :
il suffirait de rappeler les circonstances dans lesquelles il entreprit les *Commentaires*.

Il avait recueilli à Ferney une parente de Corneille.
Y eut il de l'ostentation dans son accueil? Ses ennemis, Fréron en tête, l'ont dit, et il paraît en effet avoir
pris grand soin de publier qu'il donnait l'hospitalité
à cette jeune fille. Au milieu des luttes qu'il soutenait, le nom de Corneille sonnait bien, pouvait servir de recommandation, de défense. Aurait-il choisi
ce moment pour dénigrer de propos délibéré des
œuvres qu'il avait précisément plus que jamais
intérêt à louer? Jaloux de Corneille, impatient de sa
gloire, eût-il attendu cette date et une édition entreprise afin de doter Marie Corneille, une édition pour
laquelle il désirait la sanction de l'Académie et qu'il
annonçait en ces termes : Corneille sera plus honoré
cent ans après sa mort qu'il ne le fut de son vivant ;
c'est à moi de ne pas flétrir ses lauriers en y touchant?

Il avait conçu les *Commentaires* comme un monument à la gloire du père de la tragédie et aussi à la
gloire de la France. Ce projet faisait partie d'un projet plus vaste dont il fut occupé toute sa vie et qu'il
poursuivait encore quelques jours avant sa mort en
traçant à l'Académie son plan de Dictionnaire historique.

En 1734, à la fin des *Lettres philosophiques* il disait : Quel service l'Académie française ne rendrait-elle pas aux lettres, à la langue, à la nation, si elle faisait imprimer les bons auteurs du siècle de Louis XIV épurés des fautes de langage qui s'y sont glissées (1) ! Corneille et Molière en sont pleins, La Fontaine en fourmille. Celles qu'on ne pourrait pas corriger seraient au moins marquées. L'Europe qui lit ces auteurs apprendrait par eux notre langue avec sûreté. Sa pureté serait à jamais fixée. Les bons livres français imprimés avec soin aux dépens du roi seraient un des plus glorieux monuments de la nation. J'ai ouï dire que M. Despréaux avait fait cette proposition... Mais cette idée a eu le sort de beaucoup d'autres projets utiles, d'être approuvée et négligée (2).

Reprise par l'abbé d'Olivet, puis abandonnée de nouveau, la proposition reparut en 1761. Voltaire apprit avec plaisir par Duclos que l'Académie allait publier un recueil de nos auteurs classiques avec des notes pour fixer la langue et le goût. Il écrivit aussi-

(1) Cette partie du plan de Voltaire n'est pas en harmonie avec les doctrines littéraires qui semblent prévaloir à la fin du XIXᵉ siècle, mais elle est plus sensée que la manie d'imprimer Racine avec ses fautes d'orthographe, ou plutôt son manque d'orthographe.

(2) M. Bengesco (IV, 48, note 3) cite un passage d'une lettre du 28 décembre 1751 où il voit la première idée des *Commentaires*. Il eût fallu dire tout au plus la première tentative d'exécution.

tôt à d'Olivet : Eh bien ! voilà votre ancien projet qui fait fortune. Rien ne sera plus glorieux... Dites-moi qui se charge de La Fontaine. Je l'avais autrefois commencé sur le projet que vous aviez, mais je ne sais ce que cela est devenu. J'ai perdu, dans mes fréquentes tournées, les trois quarts de mes paperasses.

Ainsi, il s'était occupé de La Fontaine, et peut-être fût-il revenu à lui sans Marie Corneille. Bien qu'il ne reste rien de son travail, nous entrevoyons ce que l'ouvrage aurait été. Voltaire admirait sincèrement La Fontaine et l'a témoigné à plusieurs reprises, notamment à l'article Fable du *Dictionnaire philosophique*. Il s'y trouve des critiques, mais aussi quel éloge ! Tout magnifique qu'il est, si Voltaire avait commenté La Fontaine, on aurait certainement dit que la jalousie le poussait, qu'il craignait une comparaison entre les *Contes* du fabuliste et les siens. N'avait-il pas l'audace de penser que les mauvaises fables de La Fontaine sont bien mauvaises et de ne compter parmi les autres qu'environ quatre-vingts chefs-d'œuvre (1) ?

Il semble avoir eu quelque regret à ne pas les annoter. « Plus d'un académicien, dit-il, s'offrira

(1) XXIX, 303 ; LXIX, 102 ; XXIX, 300.

sans doute à remplir cette tâche aussi agréable qu'u-
tile ; pour moi, j'imagine qu'il me convient d'oser être
le commentateur du grand Corneille, non seulement
parce qu'il est mon maître, mais parce que l'héritière
de ce nom est un nouveau motif qui m'attache à la
gloire de ce grand homme. » Il professait pour le
père de la tragédie française le même respect que les
Grecs pour Homère, « le premier en son genre et
l'unique. » Les belles scènes qu'il mettait au-dessus
de ce qui s'est jamais fait chez aucun peuple, lui causaient des transports qu'il exprima avec un plaisir
évident. Les personnes qui le blâment d'avoir fait les
Commentaires connaissent-elles bien cet ouvrage? Je
viens de le relire et suis tout réconforté, tout joyeux
de cette admiration si chaude et si belle. Voltaire
avait déjà dignement parlé de Corneille (1) ; il l'aimait plus que jamais, et dans son ravissement qu'il
voulait faire partager à tout le monde, il l'exaltait
encore, disant que c'est un de ces créateurs à qui
seuls appartient la gloire, un génie fait pour changer
et élever l'esprit de toute une nation. « Son nom seul

(1) Voir la lettre à Vauvenargues où il dit, à propos de pages
qui se soutiennent à côté d'Athalie : « Il y a des choses si sublimes dans Corneille et même de si touchantes. » LIV, 529. —
Ailleurs, pour prouver qu'après avoir été longtemps inférieurs
aux Orientaux, les Occidentaux ont regagné le temps perdu, il
cite un petit nombre de chefs-d'œuvre, trois lignes en tout, et
dans le nombre il met *Cinna*.

accable les énergumènes qui se déclarent contre les spectacles (1). »

En même temps qu'il se faisait fête de rendre hommage à son général, il n'était pas fâché de rabattre l'orgueil des Anglais « qui se croient souverains du théâtre comme des mers, et qui mettent sans façon Shakspeare au-dessus de Corneille (2) ».

Malheureusement Corneille est « comme le chamois... Après avoir bondi sur les montagnes, il descend dans les précipices ». En se mettant à l'œuvre, Voltaire savait qu'il aurait à relever des fautes, il avait annoncé que ce serait une partie essentielle de son travail, mais il ne s'attendait pas à celles qu'il rencontra. Leur nombre et leur gravité l'affligèrent. Il crut devoir les signaler toutes, parce que les fautes des illustres écrivains nous instruisent, parce qu'il se souvenait du temps où le Père Tournemine lui enseignait à préférer à tout Racine une page d'*Agésilas* faiblement écrite, parce qu'en plein xviiie siècle, le public confondait encore les beautés de Corneille avec ses défauts, enfin parce que le mauvais accueil fait à des critiques respectueuses, bienveillantes, timides (3), prouva la nécessité de parler sans réserves.

(1) LIX, 472-8, 498, 550, 585 ; LX, 67 ; XXXVIII, 554.
(2) LX, 136, 280.
(3) Exemple : « Quand un homme a établi sa réputation par

« Que veut dire Mme de Sévigné quand elle dit :
Racine n'ira pas loin, pardonnons de mauvais vers à
Corneille ? Non, il ne faut pas pardonner les pensées
fausses, mal exprimées. » Voltaire n'avait pas voulu
être un commentateur idolâtre comme ils le sont
tous ; il voudrait bien à présent ne pas donner dans
l'excès opposé, mais l'ennui et l'impatience le ga-
gnent. Arrivé au second acte de *Don Sanche*, il
renonce à aller plus loin : « Que dire d'un pareil galimatias ? Il faut se taire et ne pas continuer d'inutiles remarques sur une pièce qu'il est impossible de
lire. Il y a quelques beaux morceaux, nous en parlerons avec d'autant plus de plaisir que nous ressen-
tons plus de peine à être obligé de critiquer toujours... Quel exécrable fatras que quinze ou seize
pièces de ce grand homme ! Comment a-t-on préféré
à Racine un rabâcheur de si mauvais goût ! Que
Boileau avait raison de ne faire nul cas de ces am-
plifications de rhétorique... On ne se contredit pas
quand on est en extase devant les belles scènes d'Horace et de Curiace, du Cid et de Chimène, et qu'on
voit ensuite avec un soulèvement de cœur mêlé

des morceaux sublimes et qu'un siècle entier a mis le sceau à
sa gloire, on approuve en lui ce qu'on censure dans un contemporain... J'avoue que je ne sais si « perfide généreux » est un
défaut ou non, mais je ne voudrais pas employer cette expression. » XXXVI, 96.

d'indignation quinze tragédies sans aucun intérêt (1). »

Une grande partie de ces observations avait été
faite avant Voltaire par Boileau, par Fénelon, par
Dacier, par Vauvenargue, par Racine fils, par Corneille lui-même. Quelques-uns d'entre eux avaient
même été par places plus durs que Voltaire : il défend *Héraclius* contre Racine fils, le *Cid* contre l'Académie ; il avait été trouvé très indulgent par Duclos.
Tout en critiquant Corneille, il s'était efforcé d'excuser bien des choses. Il avait montré dans de mauvaises pièces des trésors cachés, découvert avec
complaisance dans *Pertharite* le germe et l'ordon-
nance d'*Andromaque*, des sentiments, des vers empruntés par Racine. Il ne se décida à dire toute la
vérité sur Corneille dans toute son étendue que plus
de dix ans après la première édition des *Commentaires*. Aussi ne s'attendait-il pas à l'orage qui se dé-
chaîna contre lui. D'Alembert, qui trouvait les pièces

(1) Il est bon de citer une remarque dont la justesse n'est pas
encore reconnue par tout le monde : « Si vous avez pu vous
résoudre à lire tout Corneille, vous aurez vu que c'est lui (et non
Racine) qui a toujours cherché à être tendre : il n'y a pas une
de ses pièces, j'en excepte Chimène et Pauline, où il n'y ait un
amour postiche et ridicule... Ceux qui ont dit que Racine sa-
crifiait tout à l'amour et que les héros de Corneille étaient toujours supérieurs à cette passion, n'avaient pas examiné ces deux
auteurs. » **LX**, 584 ; **XXXV**, 521.

de Corneille froides, boursouflées, peu théâtrales, mal écrites, mais qui se gardait bien de l'avouer, lui expliqua que son grand tort était de n'avoir pas pris assez de ménagements pour avertir les gens de l'ennui qu'elles leur causaient ; il lui conseilla de ne pas donner prise aux sots et aux malintentionnés et d'être plus sur ses gardes. D'Argental écrivit dans le même sens. « Je ne puis aller contre mon cœur, répondit Voltaire.... Le nom de Zoïle me pique, il est très injuste. Je vais au delà des bornes quand je loue Corneille et en deçà quand je le critique. Est-ce à vous à me conseiller de la faiblesse ? Que m'importe que le préjugé crie ! Je ne pense qu'au vrai et à l'utile... Je voudrais qu'on vous donnât à commenter *Othon*, la *Toison d'or !* »

Au milieu des clameurs poussées contre lui, il eut un dédommagement précieux dont je n'ai pas trouvé trace dans sa correspondance. « Il en veut à tous les piédestaux ; je gage que ses notes seront autant de satires, » avait écrit Diderot le 12 août 1762. Le 3 octobre il se corrigea en ces termes : « Voltaire m'a envoyé son *Commentaire*...Je n'ai pu m'empêcher de lui dire que cela était vrai, juste, intéressant et beau parce que c'est la vérité. Seulement je lui ai trouvé plus d'indulgence que je n'en aurais eu : il n'a pas repris tout ce qui m'a semblé répréhensible. »

Il faut rapprocher des *Commentaires* ce que Voltaire a écrit sur un autre grand poète.

Il avait appris à la France le nom et le génie de Shakspeare (1). Pour sentir l'audace d'une pareille importation, songez à la discipline qui pesait sur la littérature française. Boileau croyait faire quelque chose de très nouveau et de hardi en parlant de la plume blanche que le roi avait à son chapeau. Il prenait contre La Mothe la défense du « flot épouvanté » de Racine, mais il trouvait trop fort pour notre langue le passage d'Homère où l'eau semble sourire à la vue de Neptune.

Rien peut-être ne prouve mieux l'intelligence de Voltaire, la sûreté de son goût, sa largeur de vue, sa liberté d'esprit, que la façon dont il comprit certaines scènes de Shakspeare auxquelles il avait été si mal préparé. « Avec quel plaisir n'ai-je pas vu à Londres la tragédie de *Jules César*, disait-il à Bolingbroke. Parmi les fautes des poètes grecs et des vôtres, on trouve un vrai pathétique et de singulières beautés .. Si quelques Français qui ne les connaissent que par des traductions et par ouï dire les condamnent sans restriction, ils sont comme des aveugles qui assure-

(1) En 1735, le nom même de Shakspeare était si inconnu en France que Voltaire écrivait à Cideville : Un auteur anglais qui vivait il y a cent cinquante ans, Shakspeare... LII, 10ʳ.

raient qu'une rose ne peut avoir de couleurs vives
parce qu'ils en compteraient les épines à tâtons (1). »

Il citait des passages de *Jules César* pleins de grandeur, de force, de beautés vraies (2). « Dès la première
scène, je commençai à être ému... Malgré tant de
disparates ridicules, la pièce m'attachait... Des traits
sublimes y brillent comme des diamants sur de
la fange... J'aimais mieux ce monstrueux spectacle que de longues confidences d'un froid amour
ou des raisonnements de politique encore plus
froids. »

« On croirait qu'*Hamlet* est le fruit de l'imagination
d'un sauvage ivre, mais parmi ces irrégularités
grossières on trouve des traits dignes des plus grands
génies. Il semble que la nature se soit plu à rassembler dans la tête de Shakspeare ce qu'on peut imaginer de plus grand et de plus fort... Quand je commençai à apprendre l'anglais, je ne pouvais comprendre comment une nation éclairée pouvait admirer un auteur si extravagant ; mais dès que j'eus une
plus grande connaissance de la langue, je m'aperçus
que les Anglais avaient raison... Tel est le privilège
du génie, il s'égare, mais il laisse loin derrière lui

(1) II. 355-6.
(2) « Y a-t-il rien de plus beau que le discours de Brutus? »
VII, 521.

tout ce qui n'est que raison et exactitude (1). »

L'éloge de Shakspeare parut d'abord en France un crime de haute trahison. Puis, l'Angleterre étant devenue à la mode, les mêmes gens qui s'en étaient irrités furent fanatiques de ce qu'ils avaient sifflé, comme ceux qui défendaient, il y a quelques années, d'applaudir Wagner, se pâment aujourd'hui à l'audition d'œuvres restées inintelligibles pour eux, ou comme on paie cent mille francs une toile de Corot dont on ne voulait pas hier à vil prix. Ce ne fut plus seulement en Angleterre que Shakspeare fut préféré à Corneille et à Racine. Voltaire, que ce parallèle agaçait au delà de la Manche, le trouva déplacé en deçà. Il commençait à perdre patience, quand une lettre de Mlle Clairon acheva de l'exaspérer. La Comédie-Française proposait de tendre le théâtre en noir et de mettre un échafaud sur la scène au troisième acte de *Tancrède*. Plusieurs amis de Voltaire insistaient pour faire adopter ce projet. Voltaire, qui le jugea abominable, l'attribua à l'influence de Shakspeare. Il avait été le premier à réclamer une mise

(1) **v**, 488; **x**, 420. — Et encore : « Shakspeare, génie plein de force et de fécondité, de naturel et de sublime... Il a de si belles scènes, des morceaux si grands et si terribles... Si vous aviez vu jouer la scène entière telle que je l'ai vue, nos déclarations d'amour et nos confidents vous paraîtraient de pauvres choses auprès. » XXXVII, 220 ; LII, 112.

en scène moins pauvre que celle à laquelle on était
accoutumé en France, mais il ne comprenait pas que
le public français pût adopter « la barbarie anglaise.
L'intérêt doit être dans les choses qu'on dit et non
pas dans de vaines décorations. L'appareil, la pompe
sont nécessaires quand il en résulte quelques beautés, quand toutes ces choses redoublent le nœud et
l'intérêt... On court risque d'avilir la scène française
et de ressembler aux barbares anglais par leurs
mauvais côtés. Je vous conseille de ne pas souffrir
d'appareil que celui qui est nécessaire (1) ».

A partir de ce moment, il fut en lutte avec les an-
glomanes. Toutefois, dans le *Dictionnaire Philosophi-*

(1) XLVIII, 409 ; XL, 247 ; XLI, 473 ; LIX, 80, 99, 101, 170,
176, 181. La question de la mise en scène n'étant pas encore
vidée, quelques textes de plus ne sont pas inutiles : « Quand je
parle d'une action théâtrale je parle d'un appareil, d'une cérémonie, d'un événement nécessaire à la pièce, et non pas de ces
vains spectacles, de ces ressources du décorateur qui suppléent
à la stérilité du poète et qui amusent les yeux quand on ne sait
pas parler à l'oreille et à l'âme. J'ai vu à Londres une pièce où
l'on représentait le couronnement du roi dans toute l'exactitude
possible... J'ai quelquefois entendu dire : Ah ! le bel opéra, on y
voyait plus de deux cents gardes ! Quatre beaux vers valent
mieux dans une pièce qu'un régiment de cavalerie... Gardons-
nous de chercher dans un grand appareil et dans un vain jeu de
théâtre un supplément à l'intérêt et à l'éloquence... Que le
décorateur ne l'emporte pas sur l'auteur ». Quatre beaux vers
valant mieux que « quarante belles attitudes », le premier mérite
d'un acteur est de se faire entendre. S'appelât-il Lekain, si on
ne l'entend pas, Voltaire le relègue dans les rôles muets. V, 486 ;
VIII, 192 ; LVI, 617.

que il répéta que, malgré des pages absurdes, Shakspeare est un génie, que l'on trouve chez lui des morceaux qui élèvent l'imagination et pénètrent le cœur : « C'est la nature qui parle, c'est du sublime » (1). Ce fut seulement en 1776, quand Letourneur eut sacrifié à Shakspeare tous les auteurs français, que Voltaire, non content d'étaler les sottises, le faux bel esprit de *Roméo et Juliette* et les ordures d'*Othello*, se mit à injurier la nouvelle idole du public. On était en pleine bataille. Chargé de sonner la charge, c'est-à-dire de lire la lettre de Voltaire à l'Académie, d'Alembert déclarait que Shakspeare ou Racine devait rester sur la place. Comme les héros d'Homère, les combattants en vinrent aux gros mots. Jamais question ne fut plus mal posée et plus mal discutée. Est-ce la faute de Voltaire si elle avait pris une tournure tragique ? Et surtout est-ce dans les pages écrites à ce moment qu'il convient de chercher ce qu'il pensait vraiment de Shakspeare (2) ?

(1) XXVII, 79.

(2) Non seulement il discerne, en partie au moins, les beautés qui sont chez Shakspeare, mais il en aperçoit chez des poètes d'un accès plus difficile pour lui. Il note chez Dante et chez Pétrarque des traits « semblables à ces beaux ouvrages des anciens qui ont à la fois la force de l'antiquité et la fraîcheur du moderne ». Il voit chez Dante des « vers si heureux qu'ils n'ont pas vieilli et ne vieilliront jamais ». Les froides allégories de Milton le dégoûtent, mais Adam et Eve dans le Paradis reçoivent de lui cette noble louange : « Comme il n'y a point

A tout prendre, Voltaire voit presque toujours clair
tant qu'il regarde en arrière par delà le xviiie siècle.
En parlant de l'*Esprit des lois*, il est encore judicieux,
à la fois respectueux et incisif : les mérites et les
défauts de l'ouvrage sont marqués par lui de main
de maître. Mais Montesquieu est le seul écrivain de
son temps qu'il ait jugé très sainement ; sa lucidité
ordinaire lui fait défaut lorsqu'il envisage ses contemporains.

Je n'en suis pas surpris. Il y avait bien des rai-

d'exemple d'un pareil amour, il n'y en a point d'une pareille
poésie ». — Dans les notes de *Don Juan*, Byron s'irrite contre
ceux qui appellent Voltaire un écrivain superficiel, dit qu'une
scène de *Zaïre* ou de *Tancrède* suffit pour répondre à tout ce
qu'on a dit contre lui et cite un long morceau de Lord Holland
dont voici quelques lignes : Till Voltaire appeared, there was
no nation more ignorant of his neighbours' litterature than
the French. There is no writer to whom the authors of others
nations, specially of England, are so indebted for the exten-
sion of their fame... There is no critic who has employed
more time, wit, ingenuity and diligence in promoting litterary
intercourses between country and country and in celebrating
in one langage the triumph of another. Yet by a strange par-
tiality he is constantly represente l as the enemy of all litterature but his own... Those who feel such indignation at his
mis representations and oversights, would find it difficult to
produce a critic in any modern language who in speaking of
foreign litterature is better informed or more candid than Voltaire — Chateaubriand a très bien expliqué les apparentes
contradictions de Voltaire en ce qui touche Shakspeare et s'est
même approprié le « sauvage ivre » sans ce que Voltaire y
ajoute. — M. Jules Lemaitre remarque ce qu'il y a de
monstrueuse et presque inepte rhétorique chez Shakspeare et
ses contemporains, « ces barbares ivres du vin latin de la
renaissance ».

sons pour qu'il ne goutât beaucoup ni Buffon ni
Rousseau, tandis qu'il accordait une sorte de génie
à Saint-Lambert et à Marmontel. Ne préférait-il pas
ses *Lois de Minos* à son *Epître à Horace* ?

Je vois aussi ce qui le rendait sévère pour son
époque. Cette société si spirituelle lui déplaisait et
par l'abus qu'elle faisait de son esprit et par l'indulgence qu'en dépit de cet esprit elle avait pour de pi-
toyables sottises (1). On comprend sans peine la mauvaise humeur qu'il ressentait en voyant le public
s'engouer d'œuvres méprisables et s'occuper, pendant des années, de plaisanteries ignobles toujours
répétées. Voltaire n'était pas seul à se plaindre, à
trouver que l'on raisonnait trop, que l'on manquait
de gaîté, de grâce, d'imagination (2). Il est naturel

(1) Entre autres exemples, on peut citer le poème en cinq ou
six mille vers intitulé : *Nouveau conte de ma mère l'oie, ou les
enluminures du jeu de la Constitution.* L'éloge qu'en fait Marais
donne une idée du poème et des lecteurs qui s'en délectaient.

(2) XXVIII, 341 ; LII, 26. « Mille raisonneurs, plus de gaîté.
Le raisonner tristement s'accrédite... Comment voulez-vous
que la société soit agréable avec ce fatras pédantesque ? La
sagesse en nos jours a sur nous tant d'empire que nous avons
perdu la faculté de rire... Ce mal de la raison que je hais d'un
si bon courage. » LVII, 656 ; LXI, 293 ; XIV, 231 ; XIII, 215-6. —
D'Alembert parle de même du faux bel esprit qui règne autour
de lui, des conversations qui n'ont plus ni chaleur ni gaîté.
« Que le public est bête, que la bonne société est de mauvais
goût, s'écrie Mlle de Lespinasse. Si vous saviez ce qui amuse, ce
qui attache ; c'est le chef-d'œuvre du mauvais ton, un jargon
inintelligible. »

qu'il se fàchàt des efforts faits pour surprendre les lecteurs, des tours de force par lesquels les Arlequins de la littérature cherchaient à ébahir les passants (1).

Ce que je m'explique moins, c'est que, n'étant pas un esprit chagrin, un détracteur obstiné de son siècle, sachant garder confiance en l'avenir au milieu des hontes et des misères du règne de Louis XV, il nous ait condamnés à une sorte de barbarie littéraire. Nisard a avoué qu'après Louis XIV s'il y avait eu des pertes, nous avions en revanche fait des gains incontestables. Sainte-Beuve a dit que de toutes les lettres, et en général de tous les écrits de Port-Royal et du xviiᵉ siècle, Pascal excepté, on peut retrancher presque la moitié sans leur faire perdre quant au sens et en aidant beaucoup à l'agrément, que le goût de la parfaite sobriété ne passa à tous les gens d'esprit qu'au xviiiᵉ siècle, et que Voltaire y donna la mesure. Ce fait avait été constaté par d'Argenson : il n'approuvait le goût de son temps que « dans l'ennui qui avait pris de l'éloquence longue et pédantesque ».

Il semble qu'un tel progrès n'appartient guère à un âge de décadence et qu'il était de nature à tou-

(1) Il dit ceci à propos de Marat.

cher l'homme en qui il se personnifie. Cela n'empê-
cha pas Voltaire de dire en 1735 : « Les belles-lettres
périssent à vue d'œil. Tout tombe, tout s'en va...
Quelle barbarie ! La nature est épuisée. » En 1752,
il n'attend plus que des ouvrages médiocres. En
1761, la langue commence à se corrompre. En 1768,
l'horrible corruption de la langue infecte tous les
livres nouveaux. En 1778 à propos d'une ligne qu'il
n'a pu déchiffrer, il n'est pas étonné de recevoir une
lettre illisible dans un temps où les auteurs écri-
vent pour n'être pas entendus. Après avoir assisté
dans sa jeunesse à la fin du siècle d'Auguste, il est à
la fin de sa vie dans le Bas-Empire (1).

Ces plaintes sont de tous les temps. Près de deux
siècles avant le jour où Voltaire déplorait que la
France fût sortie de son élément qui est la gaîté,

(1) LII, 26, 33 ; LVI, 138 ; LIX, 407 : LXIV, 550 ; LXX. 418, 423.
A ces passages on pourrait en joindre une foule d'autres. En
voici quelques-uns : « La décadence du bon goût, le brigandage
de la littérature me font sentir que je suis né citoyen... Je suis
au desespoir de voir une nation si aimable, si prodigieusement
gâtée... Les lauriers se séchèrent dans une terre épuisée, il n'en
resta qu'un très petit nombre dont les feuilles étaient d'un
vert pâle et mourant. La décadence fut produite.. Si l'on continue, la langue redeviendra barbare. Le théâtre l'est déjà. »
LIII, 634 ; XXXIV, 176 : XXIX, 498-501. Voltaire sait mieux que
personne que « ne dire que ce qu'il faut et de la manière dont
il le faut est un mérite que les Français ont à un degré incomparable ». III, 157. Savait-il aussi bien que ce mérite, ils ne
l'ont eu pleinement qu'à son époque et en grande partie grâce
à lui?

Montaigne écrivait que le monde avait entrepris
d'honorer la tristesse de faveur particulière. Aux
plus belles époques de la littérature, d'excellents
esprits se sont crus en pleine décadence. Cicéron
gémissait à peu près comme Voltaire, et, s'il se peut.
encore plus mal à propos (1). Il y a bien de la légèreté
à pousser ainsi des soupirs vers le passé. Selon
d'Alembert et Mme du Deffand d'accord sur ce point,
les gens n'étaient plus au xviiie siècle aussi aimables
qu'autrefois, la société avait perdu ses agréments,
et dans les salons, on ne savait plus que disserter.
Sainte-Beuve qui sans doute ignorait cela regrettait en 1829 le temps où l'on savait causer. Par la
suite il ajouta : J'ai eu souvent l'occasion de remarquer avec bien du plaisir que l'on exagérait cette
ruine de l'esprit de conversation.

Quelque chose de semblable nous arriverait à
nous-mêmes si nous étions mieux instruits de ce
qui n'est plus et meilleurs juges de ce qui est. Quelle
présomption que la nôtre ! Nous osons nous dire en
décadence ; comme si nous pouvions sans l'aide du
temps discerner les vrais chefs-d'œuvre des œuvres
dont le nom même va périr aussi vite qu'il a grandi,

(1) « Vides exaruisse jam veterem urbanitatem, ut Pompo-
nius noster suo jure possit dicere : Nisi nos pauci retineamus
gloriam antiquam... Veni igitur ne tamen semen urbanitatis
una cum republica intereat. »

comme si Buffon n'avait pas bâillé à *Paul et Virginie*, comme si Voltaire n'avait pas raillé la *Nouvelle Héloïse !* A l'heure même où la poésie française semblait agoniser dans la *Promenade de Saint-Cloud* ou dans la *Chartreuse du Luxembourg* en compagnie de Marie-Joseph Chénier et de Fontanes, la fille d'un pêcheur lui inspirait une vie nouvelle

> Sur la plage sonore où la mer de Sorrente
> Déroule ses flots bleus au pied de l'oranger.

CHAPITRE VII

On a raison d'opposer l'*Essai sur les mœurs* au *Discours sur l'histoire universelle*. Le tableau tracé par Voltaire fait bien sentir ce qu'il y a de puéril dans l'effort de Bossuet pour tout subordonner à Jésus-Christ, dans sa conception étroite des choses humaines, dans son éternel recours à ce Dieu qui tantôt retient nos passions, tantôt leur lâche la bride, qui s'amuse à fabriquer les conquérants et les législateurs, qui tour à tour, en machiniste consommé, éclaire notre sagesse, étend ses vues, l'abandonne à ses ignorances, l'aveugle, la précipite et la confond par elle-même.

Mais pour connaître tout entière « la révolution faite par Voltaire dans la manière d'écrire l'histoire » (1), il faut à Bossuet joindre d'autres écrivains, l'estimable Mezeray, Vély, le Père Daniel. Comme le dit Chateaubriand, les historiens ne s'occupaient que des prêtres, des nobles et des rois. Les batailles

(1) Ce sont les expressions de Condorcet.

remplissaient leurs livres ; la mode imposait ces récits à tel point que Voltaire ne sut pas d'abord s'en exempter assez. Il s'est reproché de leur avoir laissé trop de place dans son *Charles XII*. Plus tard il se dispensa de donner audacieusement la relation de combats dont les généraux auraient eu bien de la peine à rendre un compte exact, et s'affranchit de ce fatras de détails de guerre qui de leur temps causent tant de malheurs et tant d'attention, et qui au bout d'un siècle ne causent plus que de l'ennui. Il enseigna qu'une lieue en carré défrichée est plus remarquable qu'une plaine jonchée de morts. Au lieu de se borner à relater des négociations et des guerres également stériles, il étudia l'histoire de l'humanité ; il se proposa de peindre la vie des peuples à la place de celle des princes et des cours, de considérer le sort des hommes plutôt que des séries de rois qui ne servent qu'à charger la mémoire (1).

(1) LII, 475 ; XXV, 11 ; LVI, 16; XXXIX, 565 ; XLI, 133 ; XXIV; 28 ; XVI, 445 ; XXXIX. 581. — Après avoir lu trois ou quatre mille descriptions de batailles et la teneur de quelques centaines de traités, il n'était guère plus instruit qu'avant. Sa mauvaise humeur lui fait dire : « Qu'importe que ce soit l'aile gauche ou l'aile droite qui ait plié à Montlhéry »? Ce n'est pas qu'il ne sache raconter une bataille : Nisard a loué dans *Charles XII* la tactique intelligible pour tout le monde sans l'affectation de stratégie qui sous la plume d'un homme de lettres dénote la prétention et inspire la défiance.

Bien que la philosophie de l'histoire professée par Bossuet soit encore adoptée par trop de personnes, ainsi que M. Renan le constatait récemment, il n'est pas indispensable de rappeler ce que Voltaire était réduit à dire du labarum de Constantin, de l'ampoule apportée à Clovis par un pigeon, des miracles faits pour les Croisés et de tant de fables dont le fanatisme et la crédulité nous ont encombrés (1). D'autre part, si la plupart des historiens persistent à accorder aux manœuvres de la diplomatie et des armées plus d'attention qu'il ne convient, l'exemple de Voltaire n'a cependant pas été inutile : on n'est pas tout à fait arrivé à comprendre comme lui que peu importe qu'un général ait gagné la bataille de Friedlingen et perdu celle de Malplaquet, mais on accorde qu'il n'y a pas dans tout le xvie siècle d'événement politique ni militaire qui ait eu sur le sort des hommes une influence comparable à celle du *Pantagruel* ou des *Essais*, et que le *Cid* et les *Provinciales* exigent d'un historien au moins autant d'attention que le traité de Westphalie; on n'est même pas très éloigné d'avouer avec Voltaire qu'un arrêt du Conseil qui met hors de prison de malheureux détenus est plus essentiel que telle ou telle bataille (2).

(1) XVIII, 473-5.
(2) LII, 19, 62.

Attachons-nous à des vérités que l'on méconnaît davantage.

Voltaire veut qu'une histoire soit aussi courte que possible : il ne regarde les gros livres que comme des dictionnaires. Il tàche de peindre d'un trait ce que d'autres délaient en volumes. Il sent le prix des détails qui révèlent avec force, avec précision, le caractère d'une époque, le rôle d'un grand homme; il les recherche avec soin, met en relief tous ceux dont on peut tirer quelque enseignement. Il mentionne des circonstances peu importantes de l'enterrement de Duguesclin, parce qu'elles montrent l'esprit de la chevalerie : à ce titre il ne dédaigne pas la bénédiction donnée aux chevaux. Il n'oublie pas le morceau de pain noir et moisi mangé par Charles XII devant ses troupes, trait tout petit si ce qui augmente le respect et la confiance peut être petit. Il recueille de très infimes particularités, parce qu'elles font connaître les anciennes mœurs, ou bien, par exception, pour prouver avec quel scrupule il écrit. Mais il ne permet pas que

> Des riens approfondis dans un long répertoire
> Sans éclairer l'esprit surchargent la mémoire.

Il redoute l'air rebutant de la compilation. La vérité qu'il recherche n'est pas cette vérité de détails qui ne caractérisent rien, qui n'apprennent rien, qui ne sont bons à rien. La multitude des petits faits n'est précieuse qu'aux petits esprits. Il ne peut les souffrir et proteste en toute occasion contre la démangeaison de transmettre à la postérité des choses inutiles, « cette vermine qui tue les grands ouvrages » (1).

Il va grand train, saute à pieds joints sur toutes les minuties, ne veut écrire que ce qui a causé des révolutions, ce qui sera important dans cent années (2).

Rabelais enregistre la couleur d'une puce : « C'est belle chose être en tout cas bien informé ! » Tel n'était pas l'avis de Voltaire. Il regardait comme

---

(1) XXV, 12 ; XXIV, 25 ; LIII, 305 ; XVI, 385 ; XXIV, 182 , XXV, 131 ; LII, 304-6 ; XX, 194 ; XIV, 234 ; LVII, 553 ; XX, 563 : XIX, 174 ; XXIV, 14 ; LVI, 4 ; LIII, 304. — Et encore : « Les petits détails dont il n'y a que les petits esprits qui se soucient. » XXIV, 23. « Ils étouffent l'intérêt. » LVI, 250. Il faut éviter « la discussion ennuyeuse des petites circonstances qui entrent dans les grands événements quand elles ne sont pas essentielles. » LIX, 619. « Les petites particularités doivent être anéanties sous les grands événements. » XVIII, 195. — Il faut « écarter la multitude des petits faits pour laisser voir les seuls considérables et, s'il se peut, l'esprit qui les a conduits. » XIX, 403.

(2) LII, 115 ; LIII, 304. — A la fin de sa dernière lettre à ses commettants, Mirabeau trace le plan du *Courrier de Provence* en termes qui semblent empruntés à Voltaire : il annonce qu'on évitera la pesante exactitude qui tient compte du matériel d'une séance et en laisse échapper l'esprit. Il promet de donner « ce qui peut intéresser dans tous les temps », et non les détails minutieux que la curiosité fait supporter un jour.

perdu le temps que l'on employait à chercher si
Mahomet avait deux ou trois mois à la mort de son
père, s'il était né d'une branche cadette ou d'une
branche aînée, si le comte de Moret, fils de Henri IV,
vécut jusqu'en 1693 sous le nom de l'ermite frère
Saint-Jean-Baptiste, si Marguerite de Valois accoucha
secrètement de deux enfants.

Il ne lui semblait pas nécessaire de savoir que la
chapelle du château de Stockholm était dans l'aile
nouvelle du côté Nord, qu'il s'y trouvait deux tableaux qui sont dans l'église de Saint-Nicolas, que
les sièges étaient couverts de bleu les jours de sermon, qu'ils étaient les uns de chêne, les autres de
noyer, et qu'au lieu de lustres il y avait de petits
chandeliers plats (1).

Cela a fait dire aux fabricants de descriptions qui
excellent dans les inventaires et aux collectionneurs
de textes indigestes, que Voltaire manque d'érudition. On assure même qu'il a raillé les bénédictins.
Je l'en crois capable. Un des premiers devoirs de
l'historien est, selon lui, de ne pas ennuyer, et les

____

(1) LIV, 626. Si, après avoir dit : « il est peu mportant que
l'on ait porté un manteau par-dessus une soutane, » il fait néan-
moins des questions sur cette mode, c'est que dans les estampes
de la collection Oléarius il a remarqué un habillement très
noble et que les renseignements qu'il demande sont intéressants
pour l'art.

bénédictins y manquaient gravement. De plus, leurs dissertations dénotaient une complète inintelligence des textes qu'ils éditaient (1). Voltaire a pu s'égayer de leur crédulité, de leur lourdeur (2) ; mais où a-t-il, comme on le prétend, dédaigné « les doctes consultations, le travail de la critique » ? Il estime que rien n'est plus utile que les recherches laborieuses de Dom Calmet qui ne pense pas, mais qui, en mettant tout dans un grand jour, donne beaucoup à penser (3). En 1754, exécutant un projet formé depuis longtemps. il s'enferme avec lui dans l'abbaye de Sénones et y passe plusieurs semaines à étudier Dom Mabillon, Dom Martène, Dom Thuillier, Dom Ruinart, « qui à la vérité sont des antiquailles, mais des antiquailles bien respectables... Je me suis fait bénédictin au milieu d'une bibliothèque de douze mille volumes, écrit-il à d'Argental ; je quitterai le cloître dès que

(1) Voir ce qu'Aug. Thierry pense des dissertations contenues dans les premiers volumes des *Scriptores rerum gallicarum*.

(2) Il avait dit en 1733 : « Les infatigables et pesants bénédictins vont donner en dix volumes in-folio que je ne lirai pas l'histoire littéraire de la France. » Ce n'était pas un jugement, puisque l'ouvrage qui est in-4° n'avait pas encore paru.

(3) XIX. 73. Il ne veut pas qu'on médise de Dom Calmet dont les fatras ne sont pas inutiles. LVI, 477. Il n'y a pas ombre de raillerie dans ce qu'il dit à propos de Ruinart sur les bénédictins qui ont tiré de dessous terre les décombres du moyen âge. XIX, 192. On envie leurs richesses, mais on « respecte » leurs travaux littéraires : XLI, 159.

vous me l'ordonnerez, mais je ne le quitterai que pour vous ». S'il avait méprisé l'érudition, il n'aurait pas dit en parlant de Ducange : De pareils hommes méritent notre éternelle reconnaissance (1).

En lisant le *Siècle de Louis XIV*, d'Argenson mit en note : Voltaire sait tout, parle de tout en expert. M. Félix Ravaisson a confirmé ce jugement : il a trouvé que parfois Voltaire se trompe sur les dates et sur l'orthographe des noms, mais que pour les faits il est bien informé et exact (2).

Il passe pour connaître moins bien les temps qui ont précédé le xviie siècle. Robertson, qui l'avait pris pour guide, dit au contraire que si les sources étaient indiquées dans l'*Essai sur les mœurs*, une grande partie de ses recherches lui eût été épargnée et beaucoup de lecteurs pour qui Voltaire n'est qu'agréable et intéressant, verraient en lui un historien aussi savant que profond.

(1) LVI, 471, 465 ; XIX, 102. — Voir sa curieuse lettre au libraire Briasson sur les manuscrits du Xe et du XIe siècle qui sont à la bibliothèque royale, et sur la nécessité de les consulter. LVII, 121. Il dit ailleurs, XV, 369, que la grossièreté même des chroniques du moyen âge fait voir l'esprit du temps dans lequel elles ont été faites et que les légendes elles-mêmes apprennent à connaître les mœurs. — Non seulement, ainsi que nous l'avons vu, il connaît Roland, mais, ce qui est très inattendu et très remarquable, il n'ignore pas *Guillaume au court nez* et l'importance de cette geste. LVII, 121.

(2) *Archives de la Bastille*, IV, 2, note. Et aussi IV, 74 : « Voltaire est très exact quant au fond des choses. »

La lecture d'un petit nombre de pages de l'*Essai*
et du *Dictionnaire Philosophique* aurait dispensé
Augustin Thierry de la peine qu'il eut à refaire son
éducation historique. La proposition fameuse : Clovis
a fondé la monarchie française, n'aurait pas été, sous
la Restauration, une sorte de dogme, si l'on s'était
souvenu du chapitre de Voltaire sur le début de
notre histoire et de l'article où, en quelques mots, est
indiqué presque tout ce qu'il y a de plus important
et de moins contestable dans les *Lettres sur l'histoire
de France*, au sujet des Francs, de leurs noms, de
leurs chefs, de la loi salique (1).

Il est remarquable, dit M. Guérard, que Voltaire en
faisant l'argent huit fois plus abondant au XVIIIe siècle qu'au temps de Charlemagne, ait approché de la
vérité plus que personne avant lui (2).

On a cru découvrir, il y a quelques années, que
pendant dix siècles chaque génération croyait être
celle qui devait assister à la fin du monde, que l'at-

(1) XV, 239 ; XXXI, 60. Voir aussi XXIX, 477. Dans la préface
des Etudes historiques, Chateaubriand dit que les écrivains
antérévolutionnaires avaient dans la tête le type d'une grave
monarchie toujours la même marchant carrément depuis Clovis
avec trois ordres et un Parlement en robe longue, que « si
nous apercevons les faits sous un autre jour », cela ne tient
pas à la seule force de notre intelligence ; « nous venons après
la monarchie tombée ». Voltaire avait su s'affranchir de ces
préjugés et Chateaubriand n'aurait pas dû l'oublier.
(2) Prolégomènes du *Polyptique d'Irminon*, p. 953.

tente de cette catastrophe ne fut pas un phénomène spécial à l'an mil. Voltaire le savait et l'avait montré (1).

Il avait aussi averti qu'il est essentiel de faire sur les Etats généraux une observation que l'on ne faisait pas et dont, à la fin du XIXᵉ siècle, nous n'avons pas encore su tirer tout le parti possible, à savoir que la France est le seul pays du monde où le clergé ait formé un ordre dans l'Etat. Voltaire en indique les conséquences avec une sagacité frappante (2).

L'antiquité elle-même lui était familière. Victor Leclerc en donne pour preuve une longue page sur les superstitions romaines dans laquelle « l'enjouement n'exclut pas la justesse et même la profondeur des vues » (3).

A force d'entendre parler de ses inexactitudes en matière d'exégese biblique, j'avais fini par y croire. Les ayant cherchées dans le recueil que l'abbé Guénée a donné sous le nom de quelques Juifs portugais et où il les a, dit-on, réfutées victorieusement, elles m'ont paru et beaucoup moins nombreuses et beaucoup moins graves que je ne m'y attendais.

(1) XV, 442.
(2) XVI, 442.
(3) Préface du *de Divinatione*.

Pourquoi donc fait-on si grand bruit des erreurs de Voltaire, tandis qu'on remarque si peu celles de Montesquieu qui sont bien autrement grosses ?

C'est que, sans l'avouer, on a contre Voltaire la même rancune qu'avaient contre Zadig les savants de Babylone. Un jour où ils disputaient furieusement sur la défense de manger du griffon, les uns soutenant que le griffon n'existe pas, les autres qu'il existe, puisque Zoroastre le prohibe, Zadig coupa court à la querelle par ces mots : Vous croyez au griffon ? n'en mangez pas si vous le rencontrez. Vous n'y croyez pas ? par conséquent la loi ne vous gêne pas, laissez-la en paix. Il est clair que les savants qui avaient de gros volumes écrits ou à écrire pour ou contre les griffons, ne durent pas être contents. Zadig faillit être empalé. Les scribes qui profitent d'une inscription obscure, incomplète, d'un mot mal transcrit ou effacé, pour argumenter à perte de vue et résoudre des questions insolubles, ne pardonneront jamais à Voltaire de s'être moqué de leurs efforts pour deviner qui prit le premier lavement, qui porta la première chemise, qui fut le premier vendeur d'orviétan (1).

(1) XLVIII, 534. « Nous ririons des chevaux qui se vanteraient d'avoir inventé l'art de pâturer avant les bœufs. » XLVII, 327.

Il appelle impertinents les demi-savants capables
de trouver l'invention de l'imprimerie et de la
poudre à canon dans Pline et dans Athénée. Il ne
pense pas que la philosophie de l'histoire consiste à
chercher midi à quatorze heures, à vouloir déterrer
au loin les causes des événements, quand on les a
tout près, sous la main, à fleur de terre. Pourquoi
s'ingénier à découvrir dans la Forêt-Noire les com-
mencements de la constitution de l'Angleterre? Cela
est ridicule. Il se défie de tout ce qu'on écrit sur les
origines lointaines, y compris celles de notre Parlement. Il n'en voit aucune bien claire. Elles ressemblent aux généalogies des grandes maisons qui
toutes débutent par des fables (1). Les braves
compilateurs qui dissertent sur celles des Celtes et
autres peuples anciens n'en savent pas le premier
mot (2).

(1) Et au plum pudding : « Le premier n'y mit que de la
farine, un second y ajouta des œufs, un troisième du sucre, un
quatrième du raisin, et ainsi se forma le plum pudding ». LX,
319

(2) XLVIII, 63 ; L, 98 ; LX, 610 ; XXVII, 534. Voir ce qu'il dit
des recherches sur les origines de la plupart des peuples qui
composent l'empire russe. XXV, 7. Voir aussi XXXI, 484, la
façon « modeste » dont il répond aux gens qui entassent des
documents pour établir comment l'Amérique a été peuplée
par l'ancien monde : « Le même pouvoir qui a fait croître
l'herbe dans les campagnes de l'Amérique y a pu mettre
aussi des hommes. »

Qu'aurait-il dit des belles choses qui se débitaient il y a trente ans sur les Aryas et leurs migrations du haut du plateau central de l'Asie ? Une fois de plus il aurait usé de son pyrrhonisme historique, et une fois de plus on aurait allégué comme un symptôme de sa légèreté le refus d'adopter une théorie spécieuse mais fragile.

Cette maxime : l'incrédulité est le fondement de toute sagesse, lui paraît fort bonne pour qui étudie l'histoire, surtout l'histoire de l'antiquité. Nous n'avons guère d'historiens anciens qui aient écrit les uns contre les autres : ils auraient répandu le doute sur des choses que nous prenons pour incontestables (1).

« Qui peut pénétrer les détails lorsqu'il s'agit des temps reculés ?... On aperçoit la couleur dominante, les nuances échappent (2)... Combien il était aisé à un seul homme d'en flétrir un autre dans la mémoire des nations, lorsque, avant la découverte de l'imprimerie, les histoires manuscrites conservées dans peu de mains n'étaient ni exposées au grand

----

(1) XXIV, 1 ; XXXVII, 365.

(2) On voit que Voltaire savait le prix des nuances. L'*Histoire du peuple d'Israël* me fait souvent penser à lui. Comptez les hypothèses que M. Renan présente comme de simples conjectures, par exemple p. 69 et suivantes du tome III ; dans le fond il doute encore plus que Voltaire.

jour, ni contredites par les contemporains, ni à la
portée de la critique universelle : il suffisait d'une
ligne dans Suétone et même dans les auteurs de
légendes (1). Voltaire n'a aucune tendresse pour les
Césars et ne songe pas à les réhabiliter. S'il avait été
citoyen romain, il les aurait détestés ; il révère Caton,
a des paroles terribles contre Auguste ; mais il
trouve des invraisemblances dans Tacite. Il se refuse
à percer dans l'intérieur du cabinet des princes. La
cause première n'est guère faite pour les physiciens,
et les premiers ressorts des intrigues ne sont guère
faits pour l'historien. On est sûr de mentir si on pré-

(1) XLV II. 169 ; XXV. 329. — Voltaire fait sur les portraits
historiques des observations dont on ne se souvient pas assez
La Beaumelle lui ayant reproché de n'en avoir pas mis dans
le *Siècle de Louis XIV*, il répondit : « J'ai toujours pensé que
c'est une espèce de charlatanerie que de peindre autrement que
par des faits les hommes publics avec lesquels on n'a pu avoir
de liaison. Il n'appartient qu'au P. Maimbourg de faire des
portraits recherchés et fleuris des héros qu'on n'a pas vus de
près. » Il dit ailleurs : « Les portraits montrent bien souvent
plus d'envie de briller que d'instruire. Des contemporains sont
en droit de faire le portrait des hommes avec lesquels ils ont
négocié, des généraux sous lesquels ils ont fait la guerre... Mais
vouloir peindre les anciens, s'efforcer de développer leurs âmes,
c'est une entreprise bien délicate, c'est dans plusieurs une
puérilité. » Il trouvait que si on devine d'après ses propres
idées celles des personnages du temps passé, et si de quelques
événements peu connus on prend droit de démêler les plus
secrets replis des cœurs moins bien connus encore, on n'écrit
pas l'histoire, on fait un roman. « Le caractère de chaque
homme est un chaos, et l'écrivain qui vient après des siècles
démêler ce chaos en fait un autre. » XX, 532-4 ; XXX, 215.

tend rendre compte des conversations de Louis XIV
avec Mme de Maintenon ; à plus forte raison ne
faut-il pas raconter ce qui se passait dans les conseils secrets des empereurs romains (1).

S'il est hardi d'émettre des doutes sur quelques
endroits du beau récit de la mort d'Agrippine et de
disputer contre Tacite, il l'est bien davantage de
refuser créance aux fables ecclésiastiques. Voltaire
ne comptait pas les violences de Néron parmi les
persécutions contre le christianisme ; il n'y voyait rien
de commun avec une religion que les Romains ne
connaissaient pas encore, ne distinguaient pas du
judaïsme toléré par leurs lois. Il niait qu'il y eût des
papes et même aucune espèce de hiérarchie parmi
les chrétiens au Ier siècle. Il établissait aussi solide-
ment que l'ont fait depuis les Allemands avec leur
grand luxe de textes, que Simon Barjone surnommé
Pierre n'a pas fait le voyage de Rome. Il soutenait
que l'on a beaucoup exagéré le nombre des martyrs,
disait la vanité des donations faites au Saint-Siège
par Pépin et Charlemagne. On en a conclu que l'impiété l'avait rendu prompt aux dédains et aux
inexactitudes calomnieuses, qu'il ne comprenait rien
au moyen âge parce qu'il était rempli de prévention

(1) XLIV, 416 ; VIII, 118-9 ; LIII, 125.

contre les choses et les hommes de cette période de l'histoire (1).

J'avoue qu'il était prévenu : j'admire d'autant plus son équité, son éloge de saint Louis, le beau passage sur Léon IV, celui sur le prélat Goslin qui mourut de ses fatigues au milieu du siège de Paris par les Normands, laissant une mémoire respectable et chère. A ces pages souvent citées doivent être jointes celles où éclate une sorte de bienveillance pour l'Église romaine qui accorda toujours au mérite ce qu'ailleurs on accorde à la naissance, qui a plus de décence et de gravité que les autres et montre, lorsqu'elle est bien gouvernée, qu'elle est faite pour leur donner des leçons. En retraçant la lutte des papes et des empereurs, Voltaire, s'il est partial, l'est en faveur des papes. Il penche plutôt vers Alexandre III que vers Barberousse et ne dit pas tout ce qu'il y a à dire pour Frédéric II ou, si l'on aime mieux, contre ses adversaires. Il signale des moments bien honorables pour la cour de Rome et où les papes agirent en pontifes dignes d'être les législateurs de l'Europe. Il défend Jules II contre les historiens qui ne rendent pas justice à son courage, à ses grandes vues; il défend même Alexandre VI

(1) Voir Nisard.

contre Guichardin. Il va jusqu'à déclarer que les décrets des papes ont toujours été sages et utiles à la chrétienté dans ce qui ne concernait pas leurs intérêts personnels. Il parle du mal que leur politique causa à l'Italie, mais il reste à cet égard bien loin de Machiavel (1).

Dans le résumé qui termine l'*Essai*, il a un endroit assez sévère ; mais écoutez ce qui suit : « L'homme peut-être qui dans les siècles grossiers du moyen âge mérita le plus du genre humain fut le pape Alexandre III. Ce fut lui qui, dans un concile au XIIe siècle, abolit autant qu'il put la servitude ; c'est ce même pape qui triompha par sa sagesse de la violence de l'empereur Frédéric Barberousse et qui força Henri d'Angleterre de demander pardon à Dieu et aux hommes du meurtre de Thomas Becket. Il ressuscita les droits des peuples et réprima les crimes des rois. »

L'aversion pour les moines n'empêche pas Voltaire de reconnaître qu'ils ont rendu des services, que ce fut longtemps une consolation pour le genre humain d'avoir des asiles où l'on échappait à la tyrannie et à la guerre, et d'où sortirent des inventions utiles. Il admet que les religieux cultivant la

(1) xv, 97-8 ; xvi, 74, 104-5, 268 ; xvii, 104 ; x, 382-3 ; xvii, 175.

terre, chantant les louanges de Dieu, vivant sobrement, donnant l'hospitalité, pouvaient par leurs exemples mitiger la férocité des barbares, et qu'il y avait eu dans le cloître de très grandes vertus (1).

S'il a fait le moyen âge trop sombre par quelques côtés (2), s'il n'a pas assez tenu compte de l'activité

(1) XV, 443 ; XVII. 322. Il ajoute : « Il n'est guère encore de monastère qui ne renferme des âmes admirables qui font honneur à la nature humaine. Trop d'écrivains se sont fait un plaisir de rechercher les désordres et les vices dont furent souillés ces asiles... Les instituts consacrés au soulagement des pauvres et des malades n'ont pas été les moins respectables. Peut-être n'est-il rien de plus grand sur la terre que le sacrifice que fait un sexe délicat de la beauté et de la jeunesse pour soulager dans les hôpitaux ce ramas de toutes les misères humaines dont la vue est si révoltante. » XVII, 325, 333. Voltaire n'ignore pas qu'il y a dans les cloîtres « je ne sais quoi d'attendrissant et d'auguste. La comparaison que l'on fait entre le silence de ces retraites et le tumulte du monde, entre la piété paisible que l'on suppose y régner et les discordes sanglantes qui désolent la terre, émeut et transporte une âme sensible ». VII, 412. — Rapprochez de cela une lettre de Racine à Vitart du 30 mai 1662 et trois lettres de Mᵐᵉ de Sévigné à sa fille du 29 novembre 1679, du 6 octobre 1679 et du 24 janvier 1689 : « Nos moines sont plus sots que pas un, et qui pis est, des sots ignorants... J'ai conçu une horreur pour cette vie fainéante que je ne pourrai pas dissimuler... C'est la première fois que j'ai vu une religieuse penser et parler en religieuse. J'en ai bien vu qui sont vindicatives, médisantes, intéressées, prévenues, cela se trouve aisément : je n'en avais point encore vu (en 1679) qui fût véritablement morte au monde... Je suis étonnée que Pauline ne soit pas devenue sotte et ricaneuse dans le couvent. Ah ! que vous avez bien fait de l'en retirer... Ah ! ma fille, gardez-la près de vous, ne croyez pas qu'un couvent puisse redresser une éducation. »

(2) D'autre part, il a, je ne sais pourquoi, négligé des traits essentiels qui ont dû passer sous ses yeux. Il a parlé deux fois

intellectuelle, des œuvres d'art du XIIe siècle et du
XIIIe, d'excellents chrétiens sont tombés dans les
mêmes fautes. Fleury dit que pour douter de la profonde barbarie qui suivit la chute de l'empire romain,
il faudrait soutenir que pendant des siècles il n'est
presque pas né d'homme qui eût un sens droit et un
jugement exact. Le même Fleury méconnait absolument l'œuvre accomplie par les scolastiques, ne
découvre dans Albert rien de grand que la grosseur
et le nombre des volumes, estime que Villehar-
dhouin et Joinville sont grossiers, que l'art gothique
est peu agréable. Le moyen âge semble à Fénelon
une longue nuit ; le XIIIe siècle est à ses yeux un
siècle de fer ; nos vieilles cathédrales ne lui disent
rien. On a donc tort d'attribuer à l'irréligion de
Voltaire quelques paroles trop dures contre cette
époque. Le tort est plus grand encore quand on lui
reproche comme des erreurs des vues parfaitement
saines.

Rien n'est plus humiliant pour la science du XIXe
siècle que la réhabilitation des croisades condamnées par le XVIIIe, qui les avait étudiées moins

des hérétiques brûlés à Orléans au commencement du XIe siècle.
XVI, 62 ; XLII, 425, et chaque fois il a omis ce que dit Raoul
Glaber : L'interrogatoire de ces malheureux fut secret à cause
de la probité de leurs mœurs, *secretius utpote viros hactenus in
omni morum probitate perutilissimos.*

bruyamment mais plus intelligemment que nous. Au lieu de nous en tenir à ce qui avait été si bien établi, nous nous sommes engoués de la thèse contraire. Des historiens illustres nous ont persuadé que les croisades avaient été sages, fécondes en profits de tout genre, nécessaires. Cette opinion s'est si bien accreditée qu'on a fini par ne plus concevoir qu'elle pût être contestée sérieusement. Il fut décidé que, pour ne pas admirer ces expéditions lamentables, il fallait un aveugle parti pris, et que Voltaire ne les avait blâmées que par excès d'impiété.

Voltaire est si peu aveugle qu'il discerne parmi les actions infâmes produites par les croisades, les actions grandes et glorieuses qui s'y mêlèrent ; il entre si peu d'impiété dans son jugement qu'avant lui des auteurs très pieux en portaient un tout pareil. Nisard lui en veut de respirer en arrivant au terme des croisades comme le ferait un historien musulman. Si Nisard avait mieux lu Joinville ou l'abbé Fleury, « prêtre, prieur d'Argenteuil et confesseur du roi, » il aurait réncontré chez eux des chapitres dans lesquels la démence des croisades est dénoncée aussi vivement que dans l'*Essai* et dans les *Petites hardiesses de M. Clair* (1). Les gens qui conseil-

(1) XLVII, 137.

lèrent à saint Louis de se croiser un seconde fois
commirent aux yeux de Joinville un véritable « péché
mortel ». Le sixième *discours sur l'histoire ecclésiastique* est d'une sévérité que Voltaire n'a dépassée
nulle part : « Quel fut, dit Fleury, le fruit de cette
entreprise qui avait ébranlé et épuisé l'Europe ? Le
royaume de Jérusalem. Or on ne trouve guère dans
l'histoire d'exemple d'un plus petit royaume, soit par
l'étendue, soit par la durée. Voilà à quoi se réduisit
cette conquête tant vantée. Il est étonnant qu'on ait
persévéré deux cents ans dans le dessein de la
conserver. C'est que les papes et ceux qui prêchaient
la croisade ne cessaient de la représenter comme
l'affaire de Dieu. Aujourd'hui que les esprits ne sont
plus échauffés sur cette matière et que nous la con-
sidérons de sang-froid, nous ne trouvons dans leurs
discours ni solidité ni justesse de raisonnement. »
Le fanatisme absurde qui fut la principale cause des
croisades, leurs conséquences désastreuses, leur
condamnation finale tant au nom du bon sens qu'au
nom de l'expérience, sont tout au long dans Fleury.

La réaction catholique qui suivit la Révolution
française troubla de nouveau les imaginations et
fit refleurir les anciennes erreurs. Nous travaillons
lentement à en sortir. Quand nous verrons clair,
nous serons surpris de la quantité de notions exactes,

de jugements impartiaux, de remarques fécondes dont Voltaire est plein et que l'on a rejetées pour se convertir au *Génie du Christianisme*. Il en faudra dresser la liste, elle formera un des chapitres les plus instructifs de nos annales. Certaines défaites infligées à la science ont peut-être plus de gravité que celles dont nous portons le deuil, car elles en sont l'origine, elles les préparent et y conduisent insensiblement. La pente qui éloigne de Voltaire aboutit à Sedan.

CHAPITRE VIII.

Dans le chapitre XXXVII du *Siècle de Louis XIV*, après avoir dit : « Les meilleures comédies de Molière n'ont pas plus de sel que les premières *Provinciales*. Bossuet n'a rien de plus sublime que les dernières », Voltaire continue en ces termes : « Il est vrai que tout le livre portait sur un fondement faux. On attribuait adroitement à toute la société des opinions extravagantes de plusieurs jésuites espagnols et flamands. On les aurait déterrées aussi bien chez des casuistes dominicains et franciscains, mais c'était aux seuls jésuites qu'on en voulait. On tâchait, dans ces lettres, de prouver qu'ils avaient un dessein formé de corrompre les hommes, dessein qu'aucune secte, aucune société n'a jamais eu et ne peut avoir ; mais il ne s'agissait pas d'avoir raison, il s'agissait de divertir le public. »

Ces lignes ont été mal prises par les amis de Port-Royal.

Sainte-Beuve ne dit pas précisément que Voltaire a

manqué de loyauté en parlant des *Provinciales* dans
le *Siècle de Louis XIV*; il le donne à entendre par la
façon dont il rapporte que déjà « par ordre, pour
complaire au cardinal de Fleury et au lieutenant de
police », Voltaire avait entrepris de réfuter Pascal.
D'Argenson raconte en effet que Fleury et Hérault, le
voyant prévenu contre les jansénistes, l'engagèrent à
écrire pour la cause du molinisme. Il avait commencé
quelque chose dans le goût d'*Antilettres Provinciales* :
il vint chez Hérault et lui dit qu'il ne pouvait continuer, qu'il se déshonorait, étant soupçonné de cela
et regardé comme plume mercenaire, et il jeta son
ouvrage au feu. Il me semble que ce récit même va
contre l'intention de Sainte-Beuve : Voltaire commence à écrire pour plaire à des personnages puissants, il est vrai, mais dans le sens où il penche et
conformément à son opinion ; il craint de passer
pour un mercenaire, brûle son travail et du coup,
c'est d'Argenson qui le dit, se brouille avec le cardinal et le lieutenant de police, qui ne le lui pardon-
nèrent pas. Ce que Sainte-Beuve appelle ironique-
ment un beau fait, est tout au moins une preuve d'indépendance et de dignité (1).

(1) Le récit de d'Argenson doit-il être tenu pour bien exact ?
Fleury n'aimait pas les jésuites et ne leur marquait pas de
faveur. Saint-Simon et d'Alembert ne laissent pas de doute à

M. Havet soupçonne Voltaire d'avoir renié les *Provinciales*, donné le change, menti, afin d'obtenir le secours des jésuites contre les journaux jansénistes : « Voltaire se trompe ou nous trompe, dit-il... Voltaire est plus que léger... Cette page a été probablement écrite vers le même temps où il adressait au P. de la Tour la lettre du 7 février 1746... Le procédé serait puéril s'il était sincère (1). »

Admettons un instant que la page du *Siècle* ait été écrite en 1746. Personne ne s'est jamais corrigé plus souvent ni plus facilement que Voltaire. Il remaniait, effaçait des chapitres entiers selon que ses opinions variaient, et pour peu que son sentiment se modifiât. Le *Siècle* ne parut qu'en 1751. A ce moment Voltaire, membre de l'Académie française, établi auprès de Frédéric et jouissant encore de toutes les bonnes grâces de ce prince, n'a plus à craindre les jansénistes. La *Voix du sage et du peuple*, publiée depuis plusieurs mois, avait achevé de le brouiller avec

cet égard. Il a probablement demandé à Voltaire moins une réfutation des *Provinciales* et surtout moins une défense du molinisme, qu'une satire contre les jansénistes, ce qui n'est pas du tout la même chose. — Une lettre au lieutenant de police publiée par M. Léouzon .le Duc (*Voltaire et la police*, p. 168) me confirme dans cette opinion.

(1) Ces lignes et celles qui les accompagnent et qui sont sur le même ton, m'affligent d'autant plus qu'elles se trouvent dans l'admirable introduction à l'édition des *Provinciales* Delagrave 1885.

l'église. A quoi bon maintenir une page écrite jadis dans l'espoir d'être soutenu par le *Journal de Trévoux?* S'il ne l'avait faite que pour obtenir un appui désirable à une certaine époque, dans certaines circonstances, comment expliquer qu'il l'ait conservée et publiée plusieurs années après, dans des circonstances absolument différentes, quand il ne pouvait en retirer aucun bénéfice ?

Mais elle n'a pas été écrite à la date donnée par M. Havet ; elle ne le fut que cinq ans plus tard. Mme du Chastellet avait par prudence retardé le travail de Voltaire. Le *Siècle* interrompu par elle fut, seulement après sa mort, repris et terminé en Allemagne (1). Le 18 janvier 1751, Voltaire annonçait qu'il venait d'achever les affaires générales et qu'il allait s'occuper de la partie de la religion. Le 20 février suivant, il expliquait que pour cette fin il était plus à l'aise qu'il ne l'aurait été en France où il se serait trouvé le matin avec des jansénistes, le soir avec des molinistes, au lieu de jouir comme à Berlin « de toute son indifférence et de la plus parfaite impartialité (2) ».

(1) Frédéric, dans son éloge de Voltaire, dit que le *Siècle* avait paru avant la mort de Mme du Chastellet. Il aurait dû savoir le contraire mieux que personne. De telles erreurs enseignent à douter beaucoup, même des choses qui passent pour être le moins douteuses.

(2) LV, 547, 567.

Pour incriminer comme on l'a fait la page sur les *Provinciales*, il a fallu non seulement se tromper de date, mais oublier tout ce qui la précède et tout ce qui la suit. A l'exception du passage où Voltaire examine la valeur des biens ecclésiastiques et soutient que les chiffres admis généralement sont excessifs, les derniers chapitres du livre n'étaient pas pour plaire aux jésuites. Voltaire y parle des libertés de l'Eglise gallicane, de la révocation de l'édit de Nantes, du jansénisme, du quiétisme, de façon à rendre le fanatisme exécrable (1). Immédiatement après l'endroit où Sainte-Beuve et M. Havet ont arrêté leur citation, il dit que les *Provinciales* couvrirent d'opprobre la Compagnie de Jésus, qu'elle eut le crédit de les faire brûler, mais qu'elle en devint plus odieuse. En même temps, bien qu'il n'aime guère les jansénistes, il s'applique à leur rendre justice. Sainte-Beuve reconnaît que dans ce même chapitre, arrivant à la mort d'Arnauld « il s'élève, est respectueux, éloquent ; c'est lui et non de Maistre qui en ce cas est le plus charitable, le plus religieux » (2).

(1) LVI, 5. Le *Siècle* fut condamné à Rome en 1753. Dans une édition publiée par M. Grégoire à la librairie Belin, les cinq chapitres consacrés aux matières religieuses ont été supprimés. Pour qu'ils soient ignorés autant que possible, on les a fait disparaître sans en laisser trace aucune.

(2) Sainte-Beuve ajoute (*Port-Royal*, III, 252) que le cha-

Voltaire espérait si peu se concilier la faveur des gens d'Eglise qu'il écrivait à d'Argental : « Que j'ai eu raison de me tenir à quatre cents lieues pendant que le *Siècle* fait son premier effet à Paris ! Que ne diraient point et les jésuites et les sorbonnistes !.. Mon absence seule peut leur imposer silence, ils craindront que je n'en dise davantage ; mais moi habitant de Paris je serais dénoncé à l'archevêque, au nonce, au Mirepoix (1). »

Dans la page dont on a essayé de faire un acte vénal, un mensonge, Voltaire ne dit pas autre chose que ce qu'il a répété toute sa vie. Jamais il n'a varié sur ce point. Dans le *Temple du Goût* en 1733, il avait appelé les *Provinciales* une satire cruelle et injuste (2).

pitre sur le jansénisme n'est pas si inexact qu'on le croirait, que Voltaire s'y montre vraiment impartial. Il cite « un trait charmant où perce une sympathie généreuse pour Arnauld ». M. Havet signale aussi dans ce chapitre une page où Voltaire disant la bonne influence littéraire de Port-Royal est d'une parfaite justesse, tandis que de Maistre traitant la même question est impertinent. — Ce qui n'empêche Nisard de déclarer que « l'impossibilité de voir le bien où il faudrait en faire honneur au christianisme, ôte toute autorité aux chapitres sur les querelles religieuses au XVII° siècle ».

(1) LVI, 176. Le 30 janvier 1752, Voltaire recommande à Frédéric une page du *Siècle* qui, selon Beuchot, est précisément celle qui nous occupe.

(2) M. Havet fait observer que par la suite cette phrase fut effacée. En effet, mais elle ne l'a pas été seule. Tout un paragraphe a disparu. La lettre à Cideville, XII, 320, ne permet pas d'attacher grande importance aux nombreuses variations qu'a subies le *Temple du Goût*. toutes n'impliquent pas une rétractation.

A la même époque, il remarquait que Pascal a écrit dans les *Pensées* contre la nature humaine exactement comme il avait écrit dans les *Provinciales* contre les jésuites, imputant à l'essence de notre nature ce qui n'appartient qu'à certains hommes (1). En 1746, dans sa lettre au Père de la Tour, il demandait si, de bonne foi, c'est par la satire ingénieuse des *Provinciales* qu'on doit juger la morale des jésuites ou par les écrits de Bourdaloue et de leurs autres prédicateurs. En 1753, dans le *Supplément au Siècle*, il a dit de nouveau que Pascal allait trop loin en présentant tous les jésuites comme autant d'Escobars. Quant au Voltaire de la fin, que M. Havet oppose au Voltaire du commencement et en qui il salue la libre pensée personnifiée, il a confirmé expressément, avec éclat, la page du *Siècle* au début de l'article Jésuites dans le *Dictionnaire Philosophique* : « On leur a reproché leur morale relâchée qui n'était pas plus relâchée que celle des capucins. »

Voltaire n'a pas cherché à nous tromper. S'est-il trompé ?

Il faut bien qu'il ait eu quelque tort, puisqu'il a été traité si durement par un juge tel que M. Havet.

(1) Introduction aux *premières remarques sur les Pensées*, XXXVII, 37.

Il aurait peut-être dû mettre quelque différence
entre les partis religieux, dire que les jésuites ont
abusé de la casuistique plus que les autres ordres et
qu'ils méritaient, en un certain sens, comme l'indique
Sainte-Beuve, de payer seuls pour tous. Mais on n'a à
lui reprocher rien de plus que cette omission. Au commencement de la cinquième *Provinciale*, Pascal se
défend d'attribuer à ses adversaires un plan de corruption : il reconnaît que « les opinions larges n'appartiennent pas à toute la Société ». Voltaire ne dit
pas autre chose. Il ne plaide pas pour les casuistes ;
le précepte de Zoroastre tant vanté par lui : Dans le
doute si une action est bonne ou mauvaise, abstiens-
toi, est, selon sa remarque (1), justement le contraire
du probabilisme. Il trouve seulement que Pascal
exagère, manque d'équité, de loyauté. Au risque
d'être moi-même soupçonné de complicité avec
les jésuites, je pense qu'ici Voltaire n'a pas tort.
M. Havet lui objecte la déclaration de Pascal que les
jésuites ne cherchent pas à corrompre les mœurs; mais
à partir de cette déclaration qui vaut tout juste le
« je ne dis pas cela » du *Misanthrope,* que sont donc
les *Provinciales* sinon une accusation formelle de
travailler à démoraliser les hommes systématique-
ment, avec toutes les marques d'un propos déli-

(1) xv, 311 ; xlv, 79.

béré? Ce réquisitoire n'enveloppe-t-il pas la Société tout entière? Ne veut-il pas démontrer que l'enseignement donné par les jésuites était incomparablement plus pernicieux que tout autre ? Or nous ne voyons pas que les élèves qui sortaient de chez eux fussent pires que ceux des autres instituts religieux. Sainte-Beuve a cité les *Adieux* de Lamartine aux jésuites de Belley, « aimables sectateurs d'une aimable sagesse ». Il aurait pu y joindre ce que Grégoire dit des jésuites de Nancy, chez qui il n'avait recueilli que de bons exemples. M. Sayous a transcrit ces réflexions d'un pasteur protestant (1) : « Pendant plus de deux siècles la Société des jésuites a été chargée de l'instruction de ce qu'il y a de plus distingué dans les trois ordres de l'Etat. Est-il concevable que ceux qui ont été petits garçons entre ses mains lui eussent constamment renvoyé leurs enfants si l'accusation dont on les charge était fondée ? » Barbier, qui inclinait plutôt du côté des jansénistes, constatait que les clameurs contre la Société n'empêchaient pas le succès de ses collèges, parce que son discrédit tenait à des causes dont le public ne s'embarrassait guère, et qu'en général elle élevait bien la jeunesse (2).

(1) *Le* XVIIIᵉ *siècle à l'étranger*, II, 78.
(2) II, 76. — A l'insistance avec laquelle Sainte-Beuve et

Pascal dit aux jésuites qu'ils donnent occasion de commettre les crimes mêmes qu'ils n'excusent pas, par la facilité et l'assurance de l'absolution qu'ils en offrent. Cette pratique immorale n'a pas été inventée par eux, et ils n'étaient pas seuls à en user. Le commerce des dispenses pour les péchés passés et pour ceux qu'on avait envie de commettre, a commencé plusieurs siècles avant que Loyola eût fondé son institut dans la crypte de Montmartre. La Compagnie n'a pu trafiquer des indulgences plus impudemment que les autres ordres. Elle n'est pour rien dans la taxe apostolique rédigée par le pape Jean XII, dans les taxes de la sacrée Chancellerie imprimées à Rome en 1514 sous les yeux du Pape.

Au temps des *Provinciales*, on regardait non sans quelque raison Port-Royal comme le parti de la vertu, malgré ses étranges subtilités, ses fâcheux subterfuges (1). Au temps de Voltaire, ses héritiers

M. Havet répètent que Voltaire a étudié chez les jésuites, qu' « il est trop l'élève de ses maîtres », on croirait qu'il faut avoir été imbu de l'esprit de la Compagnie pour se déclarer contre les jansénistes. Mais Racine, élève de Port-Royal, a fait deux *Anti-Provinciales* contre ses maîtres disgraciés. Fénelon voulait en faire. Et Corneille lui-même, selon Sainte-Beuve, était avec les jésuites contre les jansénistes.

(1) C'est M. Havet qui dit étrange subtilité, subterfuges, à propos de cette affirmation peu sincère de Pascal que personne ne voyait dans Jansénius les cinq propositions; la première y est mot à mot, les quatre autres sont l'âme du livre,

ne valaient pas beaucoup mieux que les molinistes.

Sainte-Beuve a dit l'ignominie des convulsions : pour rien au monde il n'eût fait un pas dans le jansénisme du XVIIIe siècle, tant il trouvait odieuses les absurdités et les scènes ignobles qui l'avaient envahi. Barbier, qui n'est pas délicat et ne s'effarouche pas facilement, arrive à trouver tout cela épouvantable. Les convulsionnaires s'échauffaient en parlant de saint Pàris, leurs yeux s'enflammaient, leur corps tremblait, la fureur défigurait leur visage, et ils auraient tué quiconque les eût contredits. Ils écumaient en criant : il faut du sang. Voltaire les considérait comme une faction d'énergumènes atroces, aspirant à faire brûler le sens commun en place de Grève, pires que les anabaptistes de Munster.

Il y a d'ailleurs contre la doctrine de Port-Royal de terribles objections. La morale au nom de laquelle Pascal accable les jésuites est fondée sur la grâce, elle enseigne la prédestination des élus, la damnation des païens les plus vertueux, elle tra-

selon M. Havet. Sainte-Beuve croyait Pascal capable de quelque chose de plus qu'une méprise, d'un mensonge (*Port-Royal,* III, 180). Voltaire demandait à la fin de sa vie ce que l'on aurait dit des pensées de derrière la tête, si, au lieu de les rencontrer chez Pascal, on les avait découvertes chez quelques jésuites.

vestit en vices splendides les actes les plus admirables, si la foi orthodoxe n'y a pas présidé. Elle rend insensible aux morts généreuses des héros de la Grèce, elle dicte des paroles monstrueuses (1). M. Havet triomphe de la condamnation rendue contre les jésuites, mais la morale des jansénistes n'a pas été réprouvée d'une façon moins définitive. Pascal a vaincu, dites-vous : oui, en tant qu'adversaire des casuistes. Mais Pascal avocat de la grâce est vaincu comme eux, condamné comme eux sans appel.

Entre les uns et les autres Voltaire voulut tenir la *balance égale* (2). Quand il fut question de supprimer les jésuites, il dit qu'il ne fallait le faire qu'à condition de ne laisser prendre leur place à personne : autrement les trappistes eux-mêmes, si c'étaient eux qui leur succédaient, seraient au bout de dix ans semblables à eux et à réprimer comme eux (3). Saint-Médard lui paraissait plus à craindre

---

(1) Comme le dit M. Havet, en posant en dogme que notre salut ou notre perte dépend uniquement d'une grâce qui ne dépend pas de nous, elle porte un défi à la nature révoltée.

(2) XL, 460.

(3) Il exprimait cette opinion de façon à inquiéter ses amis. D'Alembert lui écrivait le 27 septembre 1762 : On dit que vous seriez presque tenté d'écrire en faveur des jésuites... Laissez la canaille janséniste nous défaire de la canaille jésuitique. D'Alembert pensait d'ailleurs comme Voltaire que les deux sectes étaient également pernicieuses. D'Argenson avait écrit le 13 février 1752, à propos de la suppression de l'*Encyclopédie*

que Loyola. Il redoutait de tomber de Charybde en Scylla. Aux compliments qu'il envoyait à La Chalotais le 3 novembre 1762 il ajoutait : « Mais *quid te exempta juvat spinis e pluribus una ?* On me répondra que de toutes les épines c'était la plus pointue... Gare qu'un jour le jansénisme ne fasse autant de mal que les jésuites en ont fait. » L'année suivante il écrivait : « Nous sommes défaits des jésuites, je ne sais si c'est un grand bien. »

L'événement justifia ses prévisions. L'abolition de la Société fut bien moins le triomphe de la raison et de la morale que celui du fanatisme (1). En 1771, Voltaire souhaitait presque le retour des jésuites et disait que la philosophie y gagnerait.

Placez-vous à son point de vue, au lieu de vous enfermer dans le vallon étroit de Port-Royal avec Sainte-Beuve et M. Havet; vous reconnaîtrez qu'en lisant attentivement, non pas une page isolée, mais les cinq derniers chapitres du *Siècle de Louis XIV*, on y prend, ainsi qu'il le voulait, une idée juste des

---

que le rôle des jansénistes était encore plus vilain que celui des jésuites. Rousseau, dans une note de la *Nouvelle Héloïse*, dit qu'il ne manque aux jansénistes que d'être les maîtres pour être pires que leurs ennemis ; il croit que cette note est la source de ses malheurs, que s'il a été attaqué par Beaumont, c'est pour n'avoir pas voulu écrire contre les jésuites.

(1) D'Alembert à Voltaire, 31 juillet 1762.

querelles du temps. Il a, comme le pensait d'Alembert, distribué impartialement dans ce livre à droite et à gauche l'ironie qui couvre jansénistes et jésuites d'un mépris ineffaçable.

CHAPITRE IX.

UN PROJET DE VOLTAIRE.

Voltaire avait annoncé qu'il réfuterait Saint-Simon (1). Selon Villemain, cette promesse était un acte de bon courtisan ; selon Sainte-Beuve, c'était pure jalousie de métier. Sur quoi les deux célèbres critiques se fondaient-ils ? Ils ne l'ont dit ni l'un ni l'autre. Rien dans le récit de Condorcet, reproduit en partie par Sainte-Beuve, n'autorise leurs explications malveillantes.

Il est très probable que Voltaire ne lut les *Mémoires* que dans les derniers jours de sa vie. S'il les avait eus à Ferney, il n'aurait pas différé sa réponse. Je ne vois pas qu'il ait parlé d'écrire contre Saint-Simon avant son voyage à Paris en 1778. Alors seulement il en forma le projet, en même temps, dit Condorcet, qu'il donnait à l'Académie son plan de dictionnaire.

(1) *Vie de Voltaire* par Condorcet et note des éditeurs de Kehl en tête des *Pélopides*. Il est dit dans cette note que Voltaire préparait une défense de Louis XIV et des hommes illustres de son siècle contre les imputations et les anecdotes suspectes des *Mémoires.*

On assure qu'à ce moment il désirait beaucoup être reçu à Versailles. Sa conduite ne le montre guère. Etait-ce pour plaire à Louis XVI qu'il songeait à introduire à l'Académie une philosophie plus hardie et à y proposer l'éloge de Coligny ? Etait-ce pour faire sa cour au gouvernement qu'il baisait avec effusion en public les mains de Turgot disgracié ? Admettons pourtant qu'il fût tenté d'agir « en bon courtisan » ; n'y avait-il pas de meilleur moyen que d'attaquer Saint-Simon ? Tenait-on beaucoup alors à la gloire de Louis XIV ? Qui donc dans l'entourage de Marie-Antoinette aurait su gré à Voltaire de l'exécution de son projet ?

Sainte-Beuve croit qu' « en voulant infirmer à l'avance les *Mémoires,* il semblait pressentir un danger pour lui, pour son *Siècle de Louis XIV,* de la part de son grand rival, et que lorsque de tels tableaux paraîtraient, ils éteindraient les esquisses les plus brillantes qui n'auraient été que provisoires ». L'œuvre de Voltaire diffère tellement et à tant d'égards de celle de Saint-Simon qu'il n'y a pas de comparaison sérieuse à faire entre elles. Le sujet n'est pas le même. On peut bien opposer une partie des récits et des jugements qui sont dans l'une à une partie de ceux qui sont dans l'autre, mais quand on pousse plus loin le rapprochement, on oublie que les *Mémoires* ne commencent qu'à une date très avancée du règne de Louis XIV. Entrepris en 1694, à l'âge de dix-neuf ans, sur les bords du Rhin, dans le camp de Gemersheim, ils n'ont toute leur ampleur, tout leur éclat, toute leur autorité qu'en arrivant au xviiie siècle. Par conséquent ils ne correspondent qu'à une très faible partie du livre de Voltaire, et il est inexact de les présenter comme un tableau dont le *Siècle* ne serait que l'esquisse.

Sainte-Beuve dit esquisse provisoire et Michelet œuvre médiocre que Mme du Chastellet aurait eu raison de supprimer (1). Il est permis de ne pas admettre leur décision, et surtout de penser que cette décision n'aurait pas été celle de l'auteur. Il ne connut sans doute les *Mémoires* que d'une façon incomplète ; les semaines qui s'écoulèrent entre son arrivée à Paris et sa mort furent trop courtes, trop remplies de visites, de fêtes, de travaux et de souffrances pour qu'il ait pu en avancer beaucoup la lecture. Lui auraient-ils jamais causé cette crainte que Sainte-Beuve imagine ? Les aurait-il goûtés

(1) Michelet avait-il bien lu le *Siècle ?* Il semble avoir mal lu Mme du Chastellet. Elle put redouter la publication des premiers chapitres de ce livre, mais non penser à supprimer une œuvre qui, tout incomplète qu'elle était de son vivant, lui paraissait devoir faire la gloire de Voltaire. Voir sa lettre du 1er juin 1739 à d'Argental.

comme nous, aurait-il vu en eux un des plus merveilleux monuments de notre littérature ? L'impression qu'ils ont produite sur leurs rares lecteurs au xviiie siècle n'était guère de nature à l'inquiéter. Sainte-Beuve s'est enquis des jugements portés sur eux. « Il est curieux, dit-il, de voir comme chacun s'accorde à dire que c'est mal écrit, que les portraits sont mal faits, en ajoutant toutefois que c'est intéressant. » Il n'est pas même vrai que chacun fût intéressé : Sainte-Beuve n'a pas connu le fâcheux aveu de Marmontel. Admis en qualité d'historiographe du roi à étudier le manuscrit de Saint-Simon et à en prendre des extraits (1), l'auteur de *Bélisaire* trouva bientôt cette besogne aussi ennuyeuse que fatigante et eut recours pour s'en délasser à « quelque occupation moins pénible et plus de son goût ». A la façon dont il dit cela, sans la moindre précaution, comme une chose toute naturelle et toute simple, on voit que le prix des *Mémoires* n'était pas même soupçonné. L'idée qu'un parallèle entre eux et le *Siècle* serait tenté un jour, ne pouvait venir à l'esprit de personne.

(1) Mme du Deffand n'était donc pas, comme le croit Sainte-Beuve, la seule personne qui eût lu à la source. Notez que si elle avait été la seule, Voltaire n'aurait pas lu à la source ; raison de plus pour qu'il ne fût pas jaloux.

Villemain et Sainte-Beuve sont d'autant plus impardonnables que leurs suppositions sont complètement inutiles. Nous n'avons besoin d'aucune hypothèse pour expliquer le projet de Voltaire.

Je ne dirai pas comme M. Faguet que Louis XIV était son Dieu, qu'il l'aimait pour la même raison qui faisait que Saint-Simon ne l'aimait pas, c'est-à-dire parce que le règne de Louis XIV avait été un règne de vile bourgeoisie. Dans l'*Histoire de Charles XII*, on avait trouvé Voltaire trop sobre de louanges à l'égard du grand roi (1); quand le *Siècle* parut, il fut taxé d'injustice. Le président Hénault écrivit le 31 décembre 1751 au comte d'Argenson : « Voltaire m'a envoyé son livre... je voudrais bien que son ouvrage fût de façon à être admis dans ce pays-ci... Le défaut du tome I en général et qui en est un grand, c'est, comme vous l'avez remarqué vous-même, que Louis XIV n'y est pas traité à beaucoup près comme il le doit être. » Voltaire eut à se défendre, à revendiquer les droits et les devoirs de l'historien qui ne doit pas être un froid panégyriste (2). Il suffit de lire la page où il met Guillaume

(1) Marais remarquait que dans le discours placé d'abord à la fin du livre et depuis au commencement, il donne à Louis XIV pour toute vertu la magnificence, « ce qui est bien hardi pour ce petit homme. »

(2) LVI, 18; voir aussi la p. 26. Il dit encore au président :

d'Orange en regard de Louis XIV pour s'assurer qu'il était exempt du fétichisme dont on parle (1). S'il s'est proposé de réfuter les *Mémoires*, ce fut, non par culte monarchique, mais par souci de la vérité, par goût pour l'exactitude... « Il craignait que la probité de Saint-Simon, sa grande situation, son titre de contemporain ne donnassent trop d'autorité à des écrits qui ne devaient paraître qu'en un temps où personne ne serait plus assez voisin des événements pour confondre l'erreur (2). » Pourquoi lui imputer d'autres motifs que celui-là ?

« J'ai peine à comprendre cet air d'ironie que vous me reprochez sur Louis XIV... J'ai tâché de détruire une partie des impressions odieuses que tant de nations conservent contre lui... Si j'en avais dit davantage, j'aurais révolté. » LVI, 21-2. Par la suite, quand on blâma ses critiques sur Corneille, il rappela qu'il avait osé dire la vérité sur le grand roi.

(1) Dans la première édition, le rapprochement était encore moins favorable à Louis XIV qu'il ne l'est devenu plus tard : il y manquait le trait principal qui donne l'avantage au roi de France. LVI, 17, soit que ce trait ait été omis dans l'impression, comme le dit Voltaire, soit, ce qui est plus probable, qu'il l'ait ajouté pour adoucir ses censeurs. — Nisard s'est gravement mépris lorsqu'il a expliqué, IV, 358-60, que Voltaire en écrivant le *Siecle* courait le risque de déplaire parce qu'il faisait l'éloge de Louis XIV. Cet éloge ne lui fut reproché que beaucoup plus tard ; ce qui choqua d'abord, c'est les restrictions mises à cet éloge. « Les esclaves par état et par caractère furent indignés qu'un Français eût osé trouver des faiblesses dans Louis XIV. » Condorcet.

(2) C'est Condorcet qui parle, et nul n'était mieux placé pour savoir la vérité sur ce point.

Il avait pendant des années soutenu contre des
écrivains dont il ne pouvait pas être jaloux une polémique semblable à celle qu'il voulait engager à la fin
de sa vie, pour les mêmes raisons, avec la même
préoccupation. Il avait défendu Louis XIV contre
l'abbé de Saint-Pierre. A deux reprises il s'était
occupé des *Mémoires* de Dangeau, de peur qu'ils ne
vinssent à tomber entre les mains de quelque com-
pilateur et que leurs « mensonges », leurs « calomnies » ne fussent répétés et accrédités ; sans doute il
n'avait pas alors affaire à un rival, il méprisait cet
auteur comme on méprise un frotteur qui se glisse
derrière les laquais pour entendre ce qui se dit à
table. Toutefois il ne négligea pas d'annoter plusieurs
de ses pages, d'en montrer la puérilité et la bassesse.
Il se crut obligé de protester contre les *Ephémérides
du citoyen* (1) ; pouvait-il, si certains morceaux de
Saint-Simon lui ont été communiqués, les laisser
aller à la postérité sans commentaire ? Presque tout
le monde voit dans les *Mémoires* un esprit chagrin,
violent à l'excès ; on fait Saint-Simon beaucoup plus
partial qu'il ne l'est en réalité : sous ce prétexte, on
lui refuse souvent le crédit, l'autorité à laquelle il a
tant de droits Et pour avoir parlé de le combattre,

(1) XLVI. 401.

Voltaire serait un envieux ou un plat valet ! En son-
geant à l'entreprise qui valut à M. Chéruel des
louanges exagérées, il aurait donné une preuve de
jalousie ou de servilité !

CHAPITRE X.

L'ancien régime engendrait des flatteries qui nous étonnent. Corneille est descendu bien bas : la façon dont il avait prostitué son talent affligeait Voltaire. Alceste lui-même, pour faire sa cour au roi, était prêt à tout : s'il en avait reçu l'ordre, il n'aurait plus trouvé mauvais le sonnet d'Oronte. Diderot disait que Catherine avait le caractère de Brutus sous les traits de Cléopâtre ; jusqu'au jour où il lui rendit visite, il avait l' « âme d'un esclave » ; c'est chez elle seulement qu'il se sentit celle d'un homme libre. Rousseau se déclarait le plus fidèle sujet de Frédéric, lui jurait un attachement inviolable, voulait aller mourir au pied de son trône.

Voltaire fut courtisan, il en convenait comme d'une vérité triste. Il le fut à l'exemple de Molière qui aurait succombé « si Louis XIV ne l'eût protégé. Le dénouement de *Tartuffe* est forcé, les louanges du roi sont mal amenées, mais elles étaient nécessaires... Nous avons besoin des hommes d'Etat pour

nous défendre contre les hommes de Dieu, ajoutait-
il ; je ne dis pas cela en l'air, il y a du temps que j'ai
de très bonnes raisons de parler ainsi (1) ». Mais
il joua ce rôle d'une façon non moins singulière
que celui de confesseur. Condorcet a remarqué
qu'aucun personnage tout-puissant ne fut célébré
par lui comme le fut Turgot après sa chute ; il faut
ajouter qu'en distribuant aux gens haut placés l'en-
cens qu'il était d'usage de leur offrir, Voltaire savait
garder une parfaite indépendance, et qu'il recevait
d'eux encore plus de compliments qu'il ne leur en
faisait.

D'ordinaire c'étaient les gens de lettres qui flat-
taient les rois ; cette fois, par une fortune inouïe,
c'était le contraire qui avait lieu, les rois louaient
« depuis les pieds jusqu'à la tête » ce même personnage qui était hier encore jugé si mince non seulement par un Saint-Simon, mais par un Mathieu
Marais. Comme Cicéron en des circonstances analo-

---

(1) XXXVIII, 396, 432 ; LXII, 366. D'Alembert finit par être
du même avis et par considérer que c'est une grande sottise
de réunir contre soi les deux puissances. — Lorsque Catherine
se déclara contre la France en 1791, Volney chargea Grimm de
lui rendre la médaille d'or qu'il avait reçue d'elle. Plus tard il
dit à quelqu'un qui l'en félicitait : Je m'en suis repenti ; si,
au lieu d'irriter ceux des rois qui s'étaient montrés favorables à
la philosophie, nous eussions maintenu ces dispositions, la liberté n'eût pas éprouvé tant d'obstacles.

gues, Voltaire était en droit de dire : *Me hercule ut tu intelligis, magis isti mihi serviunt si observare servire est.*

Dès sa jeunesse il avait été à son aise avec les premiers seigneurs du royaume. Il se sentait leur supérieur. Au temps même où il fréquentait les cours, il affirmait que ce n'est que la grandeur et les mérites d'une âme qui doivent intimider, que craindre ou respecter le corps et ses accessoires, force, beauté, royauté, ministère, généralat, c'est pure sottise : les hommes naissent et meurent égaux, il n'y a que la vertu et le génie qui les rendent respectables. D'Argenson à qui fut tenu ce discours et qui nous le traduit en son jargon, a en tout temps vu chez Voltaire la même fierté. Elle éclate dans une lettre trop peu connue : « Je suis fort étonné de la colère de M. de Richelieu. Je l'estime trop pour croire qu'il puisse vous avoir parlé avec un air de mécontentement, comme si j'avais manqué à ce que je lui dois. Je ne lui dois que de l'amitié et non pas de l'asservissement, et s'il en exigeait je ne lui devrais plus rien... Je ne vous conseille pas de le revoir si vous vous attendez à recevoir de lui des reproches qui auraient l'air d'une réprimande qu'il lui siérait très mal de faire et à moi de souffrir. » Après cela, que l'on s'amuse à relever des formules très obséquieuses, des compliments hyperboliques dans les

lettres à Richelieu écrites de Ferney en pleine pros·
périté, au comble de la gloire : tout cela est d'avance
réduit à sa juste valeur par le ton que Voltaire jeune,
pauvre, sans crédit, savait prendre au besoin avec
ce grand seigneur (1).

Personne avant lui, en s'adressant aux gens du
rang le plus élevé, n'avait donné l'exemple de « cette
familiarité à la fois décente et libre, de cette espèce
d'égalité qui honore le génie (2) ». Parler ainsi à des
princes était tellement extraordinaire que les aimables *stances* à la princesse Ulrique semblèrent inso-
lentes : le bruit courut qu'elles étaient punies
d'exil (3). Si ingénieux que fussent les hommages que
Voltaire rendit à Louis XV, ils furent mal reçus, parce
qu'il n'y mit pas d'humilité. Il n'en mit pas davantage
dans ses relations avec Frédéric.

(1) LI, 76. Longchamp raconte que, croyant avoir à se
plaindre de Richelieu, Voltaire jeta au feu un portrait du duc,
par Baudoin.

(2) Marmontel citait les dédicaces de la *Henriade*, de *Zaïre*,
d'*Alzire*, comme des modèles de la façon dont on peut louer
sans flatter.

(3) Barbier, IV, 279. On avait cru que cette pièce était
adressée à la Dauphine. — Il y aurait à faire des remarques
du même genre sur plusieurs autres écrits de Voltaire. L'éloge
funèbre de Louis XV nous paraît trop indulgent : les éditeurs
de Kehl rappellent la manière dont on déchirait le roi après sa
mort et font voir que ce jour-là Voltaire fut non pas un flat-
teur, mais plutôt équitable. Ils ont d'autant plus raison que
Voltaire ne donna pas l'ouvrage sous son nom.

En allant à Berlin, il n'entendait pas se donner
un maître.

> On me dit, je vous aime; et je crus comme un sot
> Qu'il était quelque idée attachée à ce mot.
> J'y fus pris, j'asservis au vain désir de plaire
> La mâle liberté qui fait mon caractère,
> Et perdant la raison dont je devais m'armer,
> J'allai m'imaginer qu'un roi pouvait aimer.

Lorsque Candide et Cacambo arrivèrent dans le
seul pays du monde où tout va bien, ils demandèrent
comment il fallait s'y prendre pour saluer le roi, si
on se jetait à genoux ou ventre à terre, si on mettait
les mains sur la tête ou sur le derrière, si on léchait
la poussière. L'usage, répondit le grand officier, est
d'embrasser le roi et de le baiser des deux côtés (1).

Voltaire n'avait pas l'illusion que les choses se
passeraient en Allemagne comme en Eldorado, mais
il était en droit de compter sur une amitié dont on
lui prodiguait les gages. Frédéric en devenant roi lui
avait promis de rester sur le trône tel qu'il était avant
d'y monter. Il lui écrivait « en homme » et parlait à
son cœur. Voltaire, à la fin de sa vie, attribuait leur
liaison à une certaine façon de penser qui les avait

---

(1) Voir aussi dans le *Dictionnaire Philosophique* la conclusion de l'article Cérémonies : « Nous avons dit ailleurs une partie de ces choses, il est bon de les inculquer pour corriger au
moins quelques coqs d'Inde qui passent leur vie à faire la
roue. »

rapprochés. L'explication était incomplète. A cette
façon de penser qui leur était commune et à la juste
admiration qu'ils avaient l'un pour l'autre, s'ajoutait
un goût personnel très vif, un véritable attrait. Voltaire ne pouvait s'empêcher « d'aimer pour lui-
même » un homme d'un esprit supérieur qui à tant
de talents joignait « celui de plaire ». Il traita Frédéric en philosophe, en ami, avec la liberté que com-
portent ces titres. Il lui exprima sans détours son
opinion sur la conquête de la Silésie, le blâma en vers
et en prose : « Je voudrais que vous eussiez la bonté
de me dire, la main sur la conscience, si vous êtes
plus heureux que vous ne l'étiez à Rémusberg?...
Je hais ces conquérants qui dans les horreurs des
combats

> ont placé le bonheur suprême...
> Plus leur gloire a d'éclat, plus ils sont haïssables.

O ciel ! que je dois vous haïr ! » Il pleure « en abbé
de Saint-Pierre sur le genre humain, » demande la
paix, insiste pour qu'elle soit signée au plus vite :
« A Sans-Souci, à Sans-Souci le plus tôt que vous
pourrez.. A Sans-Souci, Sire, à Sans-Souci (1) ».

Un jour où Frédéric lui avait témoigné de la défiance, il lui écrivit : « Mais vous, Sire, avez-vous

(1) LIV, 310, 438 ; LVIII, 111.

raison avec moi? Vous êtes un très grand roi, vous
avez donné la paix dans Dresde, votre nom sera
grand dans tous les siècles. Mais toute votre gloire
et votre puissance ne vous mettent pas en droit
d'offenser un cœur qui est à vous... Je ne ferais pas
un pas pour aller à la cour d'un grand homme qui ne
m'aimerait point et qui ne m'enverrait chercher que
comme souverain (1). »

Ils se brouillèrent ; ils se trouvaient réciproque-
ment des torts impardonnables et ne cessèrent jamais
d'être irrités l'un contre l'autre. Mais il y avait
entre eux un de ces liens que rien ne brise.

Je ne sais pourquoi Michelet dit que Voltaire
affecta une haine implacable contre Frédéric. Voltaire n'oublie pas l'aventure de Francfort et n'est pas
fâché des premiers revers du roi ; il les appelle une
juste punition. Cependant il s'intéresse à son ancien
disciple, il espère que l'adversité le convertira, il
connaît l'homme, sait sa valeur, la dit à ceux qui la
méconnaissent ; il l'estime également capable et de
se tuer et de vivre en philosophe; quoi qu'il arrive, il
est sûr que sa fin ne peut être que glorieuse. Au
fond, en dépit de la rancune, la vieille sympathie
persiste. A la veille de Rosbach, résolu à ne pas sur-

(1) LV, 353.

vivre à une défaite, Frédéric songe à l'ami avec lequel il a rompu et lui envoie le serment « héroïque et douloureux » de penser, vivre et mourir en roi. Il faut lire la réponse de Voltaire. Il prétend quelque part que le milieu du xviiie siècle est sot et petit : pourquoi calomnier ainsi le temps où il recevait de telles confidences et y répondait par une telle page ! L'histoire n'a guère d'épisode plus saisissant que cet échange de hautes et mâles pensées entre deux hommes extraordinaires que l'attente d'une grande catastrophe ramène l'un vers l'autre (1).

Ce ne fut qu'une courte trêve à leur inimitié. Après cette effusion, ils rentrèrent dans le silence que le danger de Frédéric leur avait fait rompre. Il n'est pas vrai que leur correspondance ait repris régulièrement après Rosbach. Trois mois plus tard, Voltaire dit que Frédéric ne lui écrit plus (2). La mort de la princesse Wilhelmine les réunit dans un deuil commun, puis leurs relations furent interrompues de nouveau et pendant plusieurs années ils n'eurent pas de commerce suivi.

Frédéric n'en restait pas moins, de son propre aveu, amoureux du génie de Voltaire : « Vous êtes la créature la plus séduisante que je connaisse, ajou-

(1) LVI, 390 ; LII, 342.
(2) LVII, 343.

tait-il, capable de vous faire aimer de tout le monde quand vous voulez. Vous avez tant de grâces dans l'esprit que vous pouvez offenser et mériter en même temps l'indulgence de ceux qui vous connaissent. »

« Vous manquez à mon bonheur, dit Voltaire à son tour. Je mourrai sans vous avoir vu, vous ne vous en souciez guère et je tâche de ne point m'en soucier... Je n'ai pu vivre sans vous ni avec vous. Je ne parle point au roi, je parle à celui qui m'a enchanté, que j'ai aimé et contre qui je suis toujours fâché. »

Les *Mémoires* n'infirment point la *Correspondance*. Voltaire les fit non pour notre plaisir, mais pour le sien (1). Il ne les a pas publiés et ne voulait pas qu'ils vissent le jour; il ne les montrait à personne. Il en brûla le manuscrit et ils n'ont été connus qu'après sa mort, grâce à une copie qui lui avait été dérobée. C'est donc bien sa pensée intime que nous avons dans ce petit chef-d'œuvre. L'animosité s'y épanche assez librement pour faire croire que Voltaire ne l'avait composé qu'avec l'intention de se venger. Il dit tout ce qu'il sait contre Frédéric : il y a même, en un ou deux endroits, quelques lignes qu'il eût mieux fait de ne pas écrire. Malgré cela, le por-

____

(1) Il voyait même un peu de ridicule à se raconter ainsi à lui-même sa propre histoire. XL, 112.

trait de Frédéric est digne du peintre et du modèle, les honore tous les deux. Frédéric apparaît avec ses travers, mais avec ses qualités; le bien n'est pas moins fidèlement marqué que le mal. Ses grâces, sa politesse, ses talents divers, l'esprit qu'il avait et qu'il faisait avoir aux autres, tout est mis en lumière d'une main complaisante. Les grandes choses par lequelles il surpasse Gustave-Adolphe forcent à lui pardonner ses torts : les défauts de l'homme disparaissent devant la gloire du prince (1). Partout l'admiration se mêle ainsi au dépit et finit par en triompher. Rien n'explique mieux la liaison avec Frédéric, rien n'en fait aussi bien sentir le véritable caractère que ces *Mémoires*. Si pendant quelque temps Voltaire porta « des chaines », fut « l'esclave » d'un roi, c'est qu'il croyait aimer ce roi (2) et l'aimait en effet, quoiqu'il ait dit le contraire en des jours d'humeur. Je ne reconnais pas l'âme d'un courtisan chez l'homme qui ne sait ni se concilier la faveur de Louis XV, ni conserver celle de Frédéric; qui, las de vivre chez les rois, cherche dans une retraite au pied du Jura ce que les rois ne donnent pas, ce qu'ils ôtent, repos et liberté; qui préfère à Versailles et à Potsdam une république aux chefs de laquelle il peut dire : Venez donc de-

(1) C'est par là que les *Mémoires* finissaient d'abord.
(2) XL, 85-6.

main dîner chez moi, et qui s'accommode si bien de Ferney qu'il y passe les vingt dernières années de sa vie (1).

(1) Entre autres reproches bizarres que Nisard fait à Voltaire est celui d'avoir, pour plaire à Frédéric, changé le titre de son *Poème sur la religion naturelle* en *Poème sur la loi naturelle*. Quand le fait serait démontré, et il me semble qu'il ne l'est pas, y aurait-il de quoi s'offusquer ? — « Des misérables ont souvent dit que Voltaire, le meilleur des hommes, flattait les puissants. Il est vrai que pour les encourager il a souvent loué avec excès ce qu'ils faisaient de bon, mais il n'a jamais applaudi à leurs mauvaises actions, ni même à leurs mauvaises maximes, et il les a souvent blâmées hautement. » Destutt de Tracy.

CHAPITRE XI.

LE PATRIOTE.

Si vous vous enfoncez dans les chemins verts de
certains cantons de la Basse-Bretagne sans vous
laisser arrêter par les mares cachées sous les om-
brages, par les innombrables barrières qui se dres-
sent devant vous, par les talus couverts de châtai-
gniers et de chênes dont les souches semblent autant
de monstres mystérieux qui étendent leurs bras
pour barrer le passage et la vue, vous arriverez à des
fermes isolées où, comme dans le conte de la Belle au
bois dormant, les hommes et les choses semblent à
peine réveillés d'un sommeil qui les a préservés de tout
changement pendant une longue suite de siècles. Les
usages, les costumes, la langue vous reportent à des
temps éloignés, à une civilisation inconnue. L'aïeule
impassible qui file sa quenouille au fond de la haute
cheminée, les bonnets des femmes, les lits fermés
comme des armoires, le four monumental, la niche
du chien taillée dans le granit, le vieux frêne en haut
duquel les poules se perchent à la tombée de la nuit,

la physionomie sauvage des chevaux au poil roux,
tout est en harmonie avec le menhir debout à l'extré-
mité de la lande. Bien qu'un petit nombre de lieues
vous séparent du chemin de fer et des fils du télé-
graphe, au sein de ce monde étrange, calme, enve-
loppé de clôtures, vous êtes aussi dépaysé qu'un
naufragé sur une île sauvage en plein océan.

Combien plus vive devait être cette impression
chez le voyageur qui parcourait le royaume au siècle
dernier! Chaque jour il avait à franchir quelque
frontière. A peine hors de chez soi, on entrait sur une
terre étrangère, on commençait à sentir ce que nous
sentons en passant, je ne dis pas le Rhin, mais le
Jura ou les Pyrénées.

Les hommes d'autrefois n'aimaient pas la France
comme nous l'aimons, parce que la France n'était pas
ce qu'elle est. On n'a pas pour un pays composé de
pièces et de morceaux que séparent des obstacles de
tout genre, l'attachement que l'on a pour celui dont
toutes les parties se savent inséparables les unes des
autres, dont tous les habitants vivent d'une vie commune en vertu d'un pacte que nul ne songe à enfrein-
dre et qu'il serait criminel de mettre en question
sous aucun prétexte. Beaucoup de nos anciennes provinces ne tenaient au royaume que par le lien qui les
rattachait à la couronne, lien qui n'avait pas de ca-

ractère indissoluble, qui résultait de traités dont la révocation n'aurait étonné personne et dont les termes mêmes constataient souvent la fragilité. Les Français ne formaient pas une nation : ils étaient, selon l'expression de Voltaire adoptée par Mirabeau, une collection de petits peuples groupés autour d'un trône dont ils relevaient à des titres très divers.

En 1662, Racine écrivait d'Uzès à l'abbé Le Vasseur : « Nous appelons ici la France tout le pays qui est au delà de la Loire, celui-ci passe comme province étrangère. » Je ne sais si au XVIIIᵉ siècle tout notre Midi se disait français ; mais jusqu'à la Révolution j'y vois bien des hommes pour lesquels la patrie n'était que leur province natale par opposition à la France. En 1789, les nobles de Forcalquier considèrent qu'ils sont Français et Provençaux ; comme Français, l'intérêt de la France excite leur zèle ; comme Provençaux, celui de la patrie réclame leur sollicitude. Le Tiers de Marseille sépare de même l'intérêt général de l'intérêt de la patrie, c'est-à-dire de Marseille. Dans une foule d'endroits, l'esprit local, les traditions de la province résistaient ouvertement au progrès de l'unité nationale. Les Artésiens voulaient que l'administration de l'Artois à tous ses degrés, dans tous ses détails, leur appartînt exclusivement, que personne ne pût avoir une fonc-

tion ou une dignité chez eux à moins d'y être né, que
les curés eux-mêmes fussent tous nés en Artois.
Encore aujourd'hui, disait Mounier, plusieurs provinces se font gloire de se considérer comme des
Etats à part. Il entendait « avec terreur » répéter que
le roi était duc de Bretagne, de Bourgogne, comte
de Provence, dauphin de Viennois (1).

M. Taine imagine que le culte de la petite patrie
était un acheminement vers le culte de la grande.
L'histoire enseigne positivement le contraire.

Un Normand, un Provençal, un Gascon pouvait
sans honte porter les armes contre la France ; ce
qu'on appelait l'honneur pouvait même lui com-
mander de s'unir à l'ennemi qui l'envahissait. Les
émigrés qui marchèrent à la suite des armées étrangères croyaient remplir un devoir. La patrie ne se
distinguait pas du roi ; de là le mot de Voltaire : on
a une patrie sous un bon roi, on n'en a pas sous un
méchant.

La misère publique, les famines, les défaites sur
terre et sur mer, les finances ruinées, Cartouche et

(1) A propos des déserteurs qui passaient en foule par Ferney, Voltaire dit : Les Anglais « croient avoir une patrie et
vous savez qu'en général le soldat français est accusé de n'en
point avoir. » LXVIII, 419. Jusqu'au 12 juillet 1791, le régiment
d'Alsace fut un régiment étranger : à cette date seulement il
cessa d'être compris sur l'état de l'infanterie « allemande ».

Mandrin, les querelles sur la bulle *Unigenitus,* les persécutions à la fois odieuses et ridicules, les condamnations iniques, les supplices féroces, les turpitudes royales, le règne de Louis XV en un mot n'était pas fait pour développer le patriotisme.

Cette France m'est odieuse, écrivait d'Alembert le 6 juillet 1765. Quand un homme qui mesurait ses paroles et qui d'ailleurs pour rester à Paris refusait les offres magnifiques de Catherine et de Frédéric, poussait une telle exclamation, que devait dire Voltaire si prompt à s'enflammer, si incapable de se contenir, si peu habitué à taire ce qu'il avait sur le cœur !

En traversant la France, il s'irrite de changer de jurisprudence aussi souvent que de chevaux. Il ne se résigne pas à voir entre les Alpes et les Pyrénées cent quarante petits peuples qui sont réellement étrangers les uns pour les autres, comme le Tonkin l'est pour la Cochinchine, et que la législation même rend ennemis. Il demande jusqu'à quand nous serons dans la boue, gémit de ce que toutes les nations nous insultent et nous méprisent, de ce que nous sommes « la chiasse du genre humain». Il a le cœur serré de ne pouvoir envoyer par la poste les choses les plus innocentes à ses amis, il s'indigne des spectacles barbares que nous donnons à l'Europe et qui nous feraient passer pour la nation la plus sauvage, si nous n'avions pas tant de droits à la réputation de l'espèce la plus frivole et la plus comique. Il mourra en détestant le pays des singes et des tigres.

Mais il dit aussi : « On aime toujours sa patrie malgré qu'on en ait, on parle toujours de l'infidèle avec plaisir... Il faut l'aimer quelque injustice qu'on essuie, comme il faut aimer l'Etre Suprême malgré les superstitions qui déshonorent son culte... Du pain dans sa patrie vaut encore mieux que des biscuits en pays étranger ». Dans une lettre où il lui est permis de mettre tout ce qu'il veut, parce que c'est Mme de Saint-Julien qui la porte à d'Alembert et que la poste ne l'ouvrira pas, il aime encore mieux être Français que Danois, Suédois, Polonais, Prussien ou Turc (1).

S'il s'est dit le sujet de Frédéric, cette parole ne tire pas plus à conséquence que cette autre : *Veramente l'Italia è mia patria* (2).

(1) LVI, 185, 720 ; LXX, 417 ; LXVII, 491. Il n'aimait pas à voir les Français fabriquer des inscriptions latines ; il trouvait ridicule que nos jetons, nos médailles, nos louis ne fussent pas français. LIV, 378.

(2) LV, 60. Ceux qui s'offusquent des choses flatteuses qu'il a dites pour les pays étrangers et de la préférence qu'il semble leur accorder parfois, devraient lire ses notes sur les remarques de La Motraye, ils le verraient réduit à se défendre d'avoir encouru la haine de presque toutes les nations étrangères dont il a parlé. XXIV, 378.

Pouvait-il ne pas aimer la France ? Qui donc a jamais été mieux fait pour apprécier les qualités de notre nation, pour comprendre son génie, pour jouir de la douceur de vivre au milieu d'elle ? Elle avait tant d'attraits pour lui ! Et quoiqu'il eût renoncé à vivre à Paris, il y trouvait l'existence si charmante ! C'est la ville où doit vivre celui qui cherche son plaisir. Les Français sont si aimables ! C'est le peuple le plus aimable de la terre, le plus poli, et leur politesse n'est point une chose arbitraire comme ce qu'on appelle la civilité, c'est une loi de la nature qu'ils ont heureusement cultivée plus que les autres peuples (1).

Malgré la révocation de l'Edit de Nantes, c'est en France, c'est dans la société française, dans les mœurs françaises, dans la politesse française que la vie sociale est la meilleure, la plus facile... Avec tous ses défauts la France est peut-être dans l'univers la seule nation qui dispense la gloire, la seule qui élève des monuments aux grands hommes qui ne sont pas nés dans son sein. Voltaire a appris d'elle a regarder les autres peuples d'un œil impartial.

(1) III, 155-6. « Le génie français, peut-être supérieur à tous les autres depuis quatre-vingts ans pour la littérature, est le premier sans doute pour les douceurs de la société, pour cette politesse si aisée, si naturelle qu'on appelle improprement urbanité. » XXIX, 488.

Les Français ne connaissent pas cette rivalité hautaine et pédantesque, cet amour-propre révoltant qui se déguise sous l'amour du pays. Ils savent mieux qu'aucun peuple du monde recevoir un hôte illustre ; chaque nation cherche à se faire valoir, eux font valoir les autres (1).

La victoire de Fontenoy rendit Voltaire fou de joie. Il éprouvait le plaisir d'un bon citoyen en examinant par quelles ressources Montmorency sous François I et Belle-Isle sous Louis XV avaient chassé dans le même terrain et dans les mêmes occasions deux armées victorieuses. Il passe bien à tort pour avoir pris parti contre la France pendant la guerre de Sept Ans. S'il se montra inquiet des dangers courus par Frédéric, s'il applaudit à son relèvement, c'est qu'une défaite complète de ce prince lui paraissait funeste à nos véritables intérêts. La rancune, à défaut de patriotisme, l'eût empêché de partager l'indifférence des Parisiens pour nos défaites et leur enthousiasme pour les victoires de la Prusse ; il souhaitait que nos armées le vengeassent. Mais il ne

(1) XLIV, 25 ; LV, 155 ; IX, 471 ; XXV, 293 ; XIX, 229. — Voir aussi XVII, 393. Je n'indique que quelques traits ; il y en a beaucoup d'autres ; voir notamment, X, 491, ce passage : « Cette nation regardée comme légère par les étrangers », qu'on peut rapprocher des vers de Mme Browning : « The English have a scornful insularway of calling the French light, the levity is in the judgment only »

lui convenait pas que Frédéric fût écrasé : « Qu'en reviendrait-il à la France ? De rendre l'Autriche plus puissante que du temps de Ferdinand II et de nous ruiner pour l'agrandir ». Il soutient que l'existence de Frédéric est nécessaire, qu'on a besoin de lui comme contrepoids. En qualité d'être pensant et de français, il est fort aise qu'une dévote maison n'ait pas englouti l'Allemagne et que les jésuites ne confessent pas à Berlin (1).

Il ne comprend pas que nous nous consolions par un bon mot d'une bataille perdue. Peut-on se réjouir à Paris après Dettingen ! A la nouvelle de Rosbach, il écrit à son banquier de Berlin de mettre à la disposition de nos officiers l'argent dont ils auraient besoin (2).

En 1761, navré de nos revers, il s'emporte contre

(1) LV, 25 ; XVII, 216 ; LVII, 459, 474, 150, 168, 375, 385, 388 ; LVIII, 253 : LX, 452. D'Alembert disait de même le 12 janvier 1762 : A propos du roi de Prusse, le voilà qui surnage et je pense bien comme vous que c'est un grand bonheur pour la France. D'Argenson avait écrit en 1756 : On nous prêche contre le roi de Prusse... Nous nous irritons contre la Prusse notre véritable alliée... Le roi de Prusse dont la conservation devrait nous être à cœur... — Il ne faudrait pas que la guerre de 1870 nous fît perdre le sens des événements du XVIII⁰ siècle. Michelet, en 1866, appelait Frédéric un grand Français, auquel la France n'avait pas rendu ce qu'elle devait ; « sans l'énergie de ce grand défenseur, les événements les pius sinistres étaient à craindre ».

(2) Wagnière, qui rapporte ce trait, dit : on l'ignore peut-être I, 66.

les gens à théories qui font croire à l'étranger que
nous sommes sans ressources, et qu'on peut nous
outrager et nous attaquer impunément. « Voilà de
plaisants citoyens! Qu'ils viennent sur la frontière,
ils verront combien il est nécessaire de faire respecter le roi et l'Etat. Plus de discussion sur les impôts
ni sur aucune matière d'administration; on s'en
occupera quand la paix sera faite. Pour le moment, il
ne s'agit pas de critiquer le gouvernement, tout bon
citoyen doit s'unir à lui. Rit-on encore? dit-il en
1762; pour moi je pleure... Prenez garde, vous ne
voyez pas les choses à Paris et à Versailles comme
on les voit au milieu des étrangers. Je suis dans le
point de perspective, je vois les choses comme elles
sont, et c'est avec la plus grande douleur (1). »

Il tient à ce qu'on sache bien que si nous avons
été battus, nous n'avons pas manqué de courage.
Deux cent cinquante mousquetaires ont percé les
lignes anglaises et n'ont cédé qu'en mourant. Une
grande partie de la noblesse tuée ou blessée prouve
assez la valeur de notre armée. Que ne ferait-on
point de cette nation si elle était bien comman-
dée (2)?

En racontant Marignan où les Français se tinrent

(1) LIX, 528, 239 ; LX, 228, 250.
(2) LIV, 554.

sur la défensive, il a soin de faire cette remarque que sous un bon chef ils sont capables de ce courage, calme et patient, qui est quelquefois aussi nécessaire que l'ardeur impétueuse qu'on leur accorde.

Frédéric prétendait qu'il relevait la France mieux que personne, qu'il la peignait avec des couleurs trop belles et souhaitait à tous les souverains de pareils sujets, à toutes les républiques de pareils citoyens. En effet, tout ce qui procure quelque gloire à notre pays réjouit Voltaire et est publié par lui avec empressement. Il a une satisfaction visible à raconter un exploit des Français dans les Indes (1), à annoncer que si la politique du gouvernement est affligeante, l'Académie des sciences nous venge, que La Condamine part pour tracer enfin une méridienne en Amérique, entreprise qui fait grand honneur à la France.

Le véritable et solide amour de la patrie consiste, dit-il, à lui faire du bien et à contribuer à sa liberté autant qu'il nous est possible. La définition est bonne ; il y manque seulement quelque chose. Le patriotisme vit de souvenirs et d'espérance ; il implique un passé dont on est fier, mais aussi un avenir en vue duquel on travaille, une tâche, une mission à laquelle on s'associe, une ambition pour le pays

(1) XXI, 313.

qu'on aime. Il ne veut pas qu'on doute de la patrie, il s'obstine dans la confiance malgré tous les revers. Aussi longtemps qu'il y a place pour la moindre illusion et même au delà, il ne se laisse pas décourager : *non ante revellar exanimem quam te complectar, Roma !* Cette confiance, cet espoir, Voltaire les a à un haut degré. Il croit en la France, et aucune épreuve n'ébranle la foi que lui inspirent ses admirables ressources, ce merveilleux don qu'elle a de se relever après les chutes les plus terribles et de réparer les plus cruelles blessures. Quoi qu'il advienne, il aime mieux des rentes sur la France que sur la Prusse, attendu que nous ne manquons presque jamais une occasion de nous ruiner, mais au bout de quelques années il n'y paraît plus.

Aux prophètes de malheur qui annoncent que la maison d'Autriche va devenir toute-puissante et que la France ne pourra lui résister, il répond : Eh ! Messieurs, un archiduc a pris Amiens, Charles-Quint a été à Compiègne, Henri V, roi d'Angleterre, a été couronné à Paris. Allez, allez, vous n'avez point à craindre la subversion de la France, quelque sottise qu'elle fasse.

Elle est un corps robuste qui se rétablit aisément en peu d'années par le régime après ses maladies et ses saignées. Le fond du royaume est très bon, si bon qu'il résiste à tout ce qui aurait dû le détériorer. C'est un malade d'un tempérament excellent. La nation répare la balourdise des ministres parce qu'elle est active et industrieuse ; elle ressemble aux abeilles : on prend leur cire et leur miel, et le moment d'après elles travaillent à en faire d'autre (1).

Elle ferait douter qu'il soit possible de ruiner certains pays. De 1689 à 1769 on a presque continuellement tout fait pour l'épuiser : on n'a pas réussi. En dépit des charlatans, la France vivra (2).

(1) X, 475 ; LVIII, 316 ; LIX, 507 ; LXIV, 429 ; LXVII, 126 ; LVIII, 316 ; XXXI, 495.

(2) XXVII, 11. Même idée XXVIII, 517. Voir aussi XXX, 103. La nation paraissait dans la dernière misère... Je dis : son dernier jour est venu... Je fus tout étonné, je ne pouvais concevoir ce prodige.

CHAPITRE XII.

LA PUCELLE.

Voltaire a écrit bien des choses qu'il ne se souciait pas de donner au public. Quelques-uns de ses ouvrages les plus innocents n'étaient pas destinés par lui à voir le jour (1). La *Pucelle* lui fut pendant bien des années une distraction précieuse : à Cirey, elle le délassait de la physique ; au plus fort des ennuis qu'il eut en Allemagne, elle lui rendait la gaîté. Il la lisait volontiers à ses amis, mais il ne voulait pas que ses ennemis en eussent jamais la moindre connaissance. En 1737, il en refusait une copie à Frédéric, de peur des orages qu'il prévoyait, pour peu que cette plaisanterie fût divulguée. En 1743, à force d'instances, Frédéric n'en avait obtenu que des fragments qu'il avait promis de garder invisibles sous

(1) Quand Damilaville parla d'imprimer le joli conte *Ce qui plaît aux Dames*, Voltaire hésita : « N'est-ce pas lui ôter sa fleur ?... Ces petites fleurs n'ont de prix que quand on ne les porte pas au marché. »

5*

trois clés. Mme du Chastellet tenait le reste sous cent
clés.

Toutes ces clés ne servirent de rien. Des copies
furent prises par des secrétaires infidèles. Voltaire
en fut bouleversé. Le 2 décembre 1735, à 4 heures
du matin, averti à Cirey que plusieurs chants couraient dans Paris, il écrivit précipitamment pour
demander de plus amples renseignements, faisant
sentir qu'il était d'une conséquence extrême qu'il
fût averti et se préparant à prendre la fuite. Comme
les exemplaires n'étaient pas nombreux et ne conte-
naient qu'une faible partie de l'ouvrage, ses appréhensions se dissipèrent. Mais par la suite il s'en
répandit d'autres plus complets et d'autant plus dangereux que, pour remplir des lacunes ou pour mieux
débiter leur marchandise, les fabricants de ces
manuscrits y inséraient des grossièretés insuppor-
tables. Tout en protestant contre ces falsifications,
Voltaire essaya d'en tirer parti. Il fit faire lui-même
des copies si différentes les unes des autres, si pleines d'absurdités et de mauvais vers, qu'il devenait
impossible de les lui attribuer et que nous ne savons
pas ce qui lui appartient, ce qui doit lui être imputé
sérieusement dans les innombrables variantes re-
cueillies par des éditeurs trop zélés.

C'était, dans une certaine mesure, un moyen de se

mettre à couvert, mais non d'arrêter le succès du
poème. Vers la fin de l'année 1754, Voltaire, à son
grand désespoir, apprit qu'il était question de l'imprimer. Sa « maudite rapsodie » était pour lui un
« sujet d'inquiétudes mortelles » ; il en comparait
la publication aux exploits de Mandrin. Il faut pourtant en prendre votre parti, lui disait un de ses amis,
Darcet, qui, peu de temps auparavant, espérait qu'elle
n'aurait jamais lieu. Une première édition parut en
1755 et fut rapidement suivie de plusieurs autres. Dès
lors Voltaire n'avait plus qu'à suivre le conseil que
lui donna d'Alembert en 1756, d'en faire une qu'il
avouerait. Il finit par s'y décider en 1762.

Pourquoi avait-il tardé si longtemps? Que crai-
gnait-il?

Je n'entreprendrai pas de comparer ce qu'il s'est
permis dans une œuvre secrète avec les turpitudes
mises par Shakspeare sur la scène, et surtout avec
ce que l'on tolère, paraît-il, chez certains romanciers
modernes. Il pourrait bien en être de la *Pucelle*
comme de *Faublas* auquel on a fait une réputation
que rien, selon des juges très sérieux, ne justifie.
Ce qui est certain, c'est qu'au XVIIIe siècle où, nous
assure-t-on, les âmes étaient « plus saines » qu'elles
ne le sont à présent, la meilleure société se montrait
moins sévère que nos contemporains. Elle ne se for-

malisait pas de ce qu'ils condamnent soit parce qu'ils
en sont vraiment choqués, soit parce qu'ils affectent de
l'être. Bayle a constaté l'horreur que des gens dépra-
vés professent et ressentent peut-être pour certaines
peintures, tandis qu'une femme irréprochable
comme la reine de Navarre s'en amusait. Mme de
Sévigné savourait les *Contes* de La Fontaine et les
conseillait à sa fille âgée de vingt-quatre ans à peine.
Montesquieu écrivait les obscénités mal voilées des
Lettres Persanes et du *Temple de Gnide*. Mme d'Epinay racontait tout au long dans ses *Mémoires* un
souper dont elle eût mieux fait de supprimer le
détail, et Mme d'Houdetot avait composé des vers qui
ne nous sont pas parvenus, mais qui devaient être
extrêmement libres, car Diderot à qui elle les avait
montrés n'osa les lui demander, quoiqu'il en eût
grande envie ; il osait pourtant écrire à Mlle Volland
qu'il estimait beaucoup des choses fort crues. L'abbé
de Grécourt faisait pour Mme d'Ussé, « femme excep-
tionnellement sage », une chanson donnée par Marais,
mais que l'éditeur de Marais s'est refusé à transcrire,
quoiqu'il prétende ne reculer devant aucune hardiesse de langage.

Voltaire savait ce que le goût et les mœurs de son
temps autorisaient, et il était d'autant moins exposé
à s'y tromper que lorsqu'il donna son édition, le

poème était répandu et critiqué depuis plusieurs
années dans toute l'Europe (1). Il ne s'agissait pas
d'un ouvrage qu'on hasarde dans le monde sans
prévoir l'accueil qui l'attend. L'épreuve était faite
bien avant l'établissement du texte définitif. Libre
de choisir entre de nombreuses versions et même
d'en adopter une nouvelle, se proposant, comme il
est dit dans les *Mémoires de Bachaumont*, de rendre à
la *Pucelle* l'honnêteté qui manquait aux publications
clandestines, Voltaire ne conserva certainement rien
de ce qui pouvait être trouvé trop scabreux (2).

S'il n'avait pas à s'inquiéter de la licence du texte
avoué par lui, devait-il craindre les conséquences
d'une offense à Jeanne d'Arc ? C'est le grand grief

(1) Nous voyons, par exemple, dans la *Correspondance* qu'à la
cour de Gotha on était très familier avec tous les personnages
qui figurent dans la *Pucelle*, sans en excepter le Père Gri-
bourdon.

(2) S'il était besoin d'insister, j'ajouterais que les parties les
plus risquées du poème n'existaient pas encore, alors que déjà
Voltaire croyait devoir le dissimuler ; que La Harpe avant sa
conversion ne trouvait à y reprendre que « quelques traits
échappés à l'intempérance d'un génie ardent » ; que Darcet
rendant compte à Voltaire des impressions d'un petit comité
auquel il avait lu quinze chants complets d'après un texte clan-
destin, disait qu'on y avait trouvé « quelques endroits » peu
décents mais faciles à retoucher ; que du reste on s'accordait à
dire que cet ouvrage ne devait pas être imprimé ni même trop
répandu du vivant de l'auteur : « ce serait vous rendre un très
mauvais office que de le donner au public ». Ce n'est donc
pas l'indécence plus ou moins grande de l'ouvrage qui le rendait si dangereux.

du XIXᵉ siècle, ou du moins le grief qu'on affiche avec le plus de succès ; ce n'en était pas un il y a cent cinquante ans : on n'avait pas vu la patrie en danger et la sublime figure que nous révérons n'était pas découverte.

On ne connaissait Jeanne d'Arc que par les récits de Monstrelet et de quelques autres chroniqueurs peu intelligents, très mal renseignés : on lui donnait vingt-sept ans à son départ de Domremy. Elle était représentée avec des traits grossiers. La fin du Moyen-Age a des côtés burlesques et odieux à la fois ; les contemporains de Jeanne ont fait tout ce qui dépendait d'eux pour la déshonorer et la salir en attendant le moment de la brûler (1). Le XVIIIᵉ siècle n'avait pas les mêmes raisons que nous pour fermer un peu les yeux et glisser sur ces scènes grotesques ou ignobles. La Harpe, examinant si la délivrance du royaume sous Charles VII peut fournir à l'épopée un sujet intéressant, est arrivé à cette conclusion qu'il est bon que le poète trouve les imaginations pré-venues pour ses personnages, et que ni Dunois ni Jeanne n'ont joué un rôle assez grand pour remplir

(1) On se rappelle l'épreuve que Jeanne subit à Chinon, la consultation donnée à Poitiers par l'archevêque d'Embrun, la démonstration que Dieu a souvent pris des bêtes pour instru-ment de ses miracles.

la majesté d'un poème où il faut des figures
héroïques.

Jeanne avait passé par les mains d'un méchant
auteur et se ressentait de la façon dont elle avait été
traitée par lui. Dans l'ouvrage de Chapelain, si fameux
avant d'être lu et plus fameux encore par les satires
auxquelles il donna lieu, elle apparaît d'abord
comme un phénix qui, trouvant en la personne du
duc de Longueville un soleil propre à ranimer ses
cendres, quitte son bûcher pour rendre hommage
de sa nouvelle vie à la vertu qui la lui fait recou-
vrer. Mais Aristote enseigne que la femme est une
erreur de la nature qui, ayant l'intention de faire un
homme, s'arrête en chemin : en conséquence, le héros
principal du poème n'est pas Jeanne, c'est Dunois ;
elle est l'intelligence qui l'assiste, la Pallas de ce
nouvel Ulysse ou, pour s'expliquer plus chrétien-
nement, la grâce dont il plut à Dieu d'armer et de
fortifier le bras qui soutenait l'Etat. Ici Chapelain
lève le voile dont ce mystère est couvert. « Afin de
réduire l'action à l'universel et de ne la priver pas du
sens allégorique par lequel la poésie est faite l'un des
principaux instruments de l'architectonique », il a
disposé sa matière de sorte que la France représente
l'âme de l'homme en guerre avec elle-même. Charles
est la volonté portée au bien par sa nature, mais

facile à porter au mal sous l'apparence du bien,
l'Anglais et le Bourguignon sont les transports de
l'appétit irascible, Amaury et Agnès les moments de
l'appétit concupiscible, Dunois la vertu, Tanneguy
l'entendement et la Pucelle la grâce divine qui, dans
l'abattement des puissances de l'âme, raffermit la
volonté, soutient l'entendement, se joint à la vertu
et, par un effort victorieux, assujétissant les appétits
à la volonté, produit cette paix en quoi toutes les
opinions conviennent que consiste le souverain
bien.

Le poème tient les promesses de la préface. Le
plus souvent il n'est qu'absurde, ennuyeux ; par
places, à force de sottise il amuse, on ne peut s'empêcher de rire. La lutte de Jeanne avec Talbot, le saut
qu'ils font du haut des remparts, la retraite de la
« fille » dans le plus creux de la forêt de Compiègne
où, couchée sur le roc d'un antre, elle se nourrit de
glands et de douleur pendant toute une lune, d'autres
endroits encore sont comiques.

Longchamp rapporte que dans un souper chez
Richelieu en 1730, quelques-uns de ces vers ridicules
ayant été récités par un des convives, on pressa Voltaire de reprendre sur un ton plaisant le sujet traité
d'une façon si pitoyable. Longchamp est crédule,
et, lorsqu'il parle de ce qu'il n'a pas vu, souvent

inexact; mais la *Pucelle* du xviiie siècle procède incontestablement de celle du xviie. Pour peu que l'on par-
coure celle-ci, on y aperçoit une foule de choses que
Voltaire a mises en œuvre à son tour, qui lui ont
suggéré ses idées les plus plaisantes, ses inventions
les plus bouffonnes, ses images les plus libres. Sa
parodie qui est insoutenable après le récit de Michelet ou le livre de M. J. Fabre, semble alors toute
naturelle (1). On n'est que trop préparé par Chapelain à l'idée de donner des galants à la Pucelle et à
tout ce qui s'en suit (2). Dieu, afin qu'elle séduise
plus sûrement les cœurs, la confirme en ses antiques
charmes,

> Et dans tout son aspect et tous ses mouvements
> Met un nouvel amas de saints enchantements.

Aussi Dunois et d'Alençon tombent éperdument

(1) Certains endroits de Voltaire sont inintelligibles si l'on
n'a lu Chapelain, par exemple celui où Saint-Denis adresse à
Jeanne un discours très théologique :

> Jeanne étonnée, ouvrant un large bec,
> Crut quelque temps que l'on lui parlait grec.
> La grâce agit, cette augustine grâce
> Dans son esprit porte un jour efficace...
> Non, ce n'est plus Jeanne la chambrière.

Il y a là un souvenir du miraculeux changement d'idées et de
sentiments que Chapelain attribue à sa Pucelle.

(2) Cette idée est tellement fixe chez Chapelain qu'il écrit
à l'évêque de Vence : La *Pucelle* est bien heureuse d'avoir un
galant aussi saint que vous.

amoureux ; elle les « allume ». Dunois, devenu son
amant « sans en rien souhaiter », se demande quel
est le brasier qu'elle excite en son âme, s'il doit
l'appeler une amoureuse flamme. Ce feu le dévore ;
son cœur embrasé

> Déjà par sa chaleur est de force épuisé.

Rodolfe, dans la sage crainte du péril que court la
pudeur de la Sainte, s'écrie :

> Ton honneur, je ne dis pas ta vie,
> A quitter ce séjour ta prudence convie.

Ne parlons pas du goût détestable qui règne dans
ce poème, des inepties, des jeux de mots étonnants
que Chapelain commet (1). Par son fait Jeanne était
la plus insupportable des héroïnes (2). Elle subissait le
sort des héros de nos chansons de geste que les romans
de chevalerie avaient dépouillés de leur caractère épi-
que et réduits au point où les trouvèrent Arioste et
Cervantès. Roland et les autres preux avaient été chan-
gés en coureurs d'aventures qui appelaient les raille-

---

(1)   Sur elle l'Anglais tonne et tonne à grands éclats ;
      Mais pour tonner sur elle, il ne l'étonne pas.

(2) Le mot est de Boileau qui se moque d'elle longuement et
sans esprit dans ses *Héros de roman* : « Voici une héroïne qui
me paraît lourde... Je lui trouve la physionomie plate. Elle
tousse, écoutons... Eh ! Pucelle, pourquoi vous êtes-vous chargé
la mémoire de ces grands vilains mots ? Elle m'écorche les
oreilles, qu'elle s'en aille... La voilà enfin partie ! »

ries de l'*Orlando* et du *Don Quichotte* : la Pucelle était de même transformée en personnage ridicule. Voltaire n'a pas ri de la Jeanne d'Arc de l'histoire, de celle dont le procès a été publié par Quicherat : il a toujours parlé d'elle très dignement, admirant l'héroïsme de son entreprise et de ses réponses, disant que sa mémoire est assez honorée par son supplice même, que l'antiquité lui eût dressé des autels. Il la met à côté de Turenne, de Catinat, de L'Hospital, de Henri IV (1). Ses railleries n'ont porté que sur des récits rebutants, sur une peinture infidèle. Si la légitimité de cette distinction avait été contestée devant lui, il n'aurait eu qu'à rappeler ce qu'il avait écrit à propos des dieux de l'antiquité : « On demande pourquoi les magistrats grecs et romains permettaient qu'on tournât en ridicule sur le théâtre ces mêmes divinités qu'on adorait dans les temples ; on fait là une supposition fausse. On ne se moquait point des dieux sur le théâtre, mais des sottises attribuées à ces dieux. »

Peut-être aurait-il préféré la réponse de Pascal accusé, lui aussi, de ne pas assez respecter les choses saintes : Ne craignez-vous point, en me blâmant de m'être moqué, de me donner un nouveau sujet de

(1) XVI, 408-10 ; XLVII, 189 ; XLV, 174. — Dans la *Henriade*, elle est au ciel avec Duguesclin et Bayard.

me moquer de ce reproche et de le faire retomber sur vous-mêmes en montrant que je n'ai pris sujet de rire que de ce qu'il y a de ridicule dans vos livres ?

Le vrai danger pour Voltaire était une accusation d'impiété. Cette maudite *Pucelle* qui l'avait tant diverti, ne le rendit si sérieux que parce qu'il craignait la colère des dévots (1). La Harpe, touché de la grâce et par suite indigné de ce qu'il avait longtemps approuvé, souffla à peine quelques mots de la prétendue injure que l'on commençait à apercevoir depuis la Révolution et de l'indécence de certains passages ; il n'insista que sur l'esprit irréligieux du livre. L'auteur, disait-il, n'a eu qu'un objet, il y a tout rapporté ; c'est contre la religion qu'il a dressé toute la machine de son poème. Condorcet avec des sentiments contraires jugeait de même et ne voyait dans la *Pucelle* qu'une bataille livrée à l'hypocrisie et à la superstition (2).

On avait travesti Jeanne, figure essentiellement laïque, en vulgaire mannequin de sacristie. Quelques écrivains n'ont pas encore renoncé à l'exploiter comme une machine, un ressort mis en jeu par les

(1) LVI, 774.

(2) Les éditeurs de Kehl répondent au reproche de libertinage et à celui d'offense à la religion. Ils ne paraissent pas soupçonner l'injure à Jeanne d'Arc.

puissances célestes. Dans un livre qui porte la date
de l'année 1875, un membre de l'Institut affirme que
Jeanne a véritablement vu, ce qui s'appelle vu,
saint Michel, qu'elle n'a pas eu d'hallucinations, que
ses révélations nettes et précises n'ont rien de commun avec les vagues épanchements des illuminés.
Il serait indiscret de demander la différence entre
les visions de Jeanne et celles pendant lesquelles
sainte Catherine de Sienne changeait de cœur avec
Jésus-Christ (1), celles de Savonarole, celle de Luther
le jour où il jeta son encrier à la tête du diable, ou
encore celles de Marie Alacoque (2). Renvoyons
plutôt les gens qui débitent ces extravagances à la
Pucelle. Ils y trouveront des chants entiers dont ils
pourront faire leur profit. Toutefois à cet égard le
poème de Voltaire n'a plus grande utilité (3). Le sur-

(1) Elle ne prenait pas seulement le cœur de Jésus-Christ ;
Raymond de Capoue, qui fut général des Frères-Prêcheurs,
doutait des révélations de Catherine, quand il vit son visage
changé en celui d'un homme portant une barbe médiocre et
d'un regard si majestueux que c'était manifestement le Seigneur
lui-même.

(2) Voltaire cite, XI, 266, une relation de la vie de Marie
Alacoque dédiée à la reine par l'évêque de Soissons en 1730,
vers le temps où il commença la *Pucelle*. Les entretiens de
cette religieuse avec Jésus-Christ parurent trop vifs à Barbier
et plusieurs lecteurs les « tournèrent à mal. »

(3) La controverse récente et vive entre l'église d'Argenteuil
et celle de Trèves au sujet de la tunique de Jésus, m'amène à
penser que je me suis peut-être trompé en écrivant cette ligne.

naturel n'est plus qu'un accessoire dont on use timi-
dement et dont nous avons même beaucoup de peine
à concevoir l'ancien rôle. Au xviiie siècle, on le rencontrait encore partout. Il n'y avait pas beaucoup
d'années que les yeux du peuple commençaient à se
dessiller sur les superstitions mêlées à sa religion et
qu'il était permis de savoir que Lazare et Madeleine
n'étaient pas venus en Provence ou que saint Denis
l'aréopagite n'avait pas gouverné d'église à Paris (1).
Le temps n'était pas loin où Bossuet célébrait comme
des miracles un songe d'Anne de Gonzague et la
rencontre d'une poule à qui un chien enlevait un de
ses petits. Les prodiges de saint Médard troublaient
les cervelles. Le diable faisait parler de lui presque
autant qu'au xive ou au xve siècle : de vilains bruits
couraient sur ce que Richelieu avait tenté pour le voir
et, dans l'espoir de le consulter, de grandes dames,
comme la marquise de l'Hospital et la marquise de La
Force, avaient de fâcheuses aventures en bien étrange
costume. Les autorités promenaient solennellement à
travers Paris les reliques de sainte Geneviève quand la
pluie ou la sécheresse durait trop longtemps. Il ne
se passait pas de mois où des anecdotes retentissantes
ne fissent sentir la nécessité de délivrer les hommes

(1) xx, 363.

des chimères qui les obsédaient et de leur persuader
qu'on déshonore en quelque sorte la divinité en supposant que, par suite d'un certain dessein sur quelques êtres vivants, elle change des lois immuables
pour tâcher d'exécuter ce qu'elle n'a pu faire par
leur moyen (1).

Voltaire s'efforça de dégager Jeanne d'Arc de
l'appareil surnaturel qu'elle traînait après elle. On
avait déjà travaillé à le lui enlever. Bayle louait du
Haillan d'avoir eu le courage de traiter librement
ce sujet délicat. Voltaire continua, écrivit contre
Mezeray, contre Nonotte, fit voir qu'en donnant à cette
histoire une couleur surnaturelle on diminuait Jeanne,
on l'exposait à être suspectée de charlatanisme et
mise au-dessous de Jeanne Hachette qui combattit
aussi héroïquement sans être ni pucelle ni inspirée.

Ce qu'il disait sérieusement en prose, il le redit en
vers légers, fit lire jusque dans les couvents ce poème
où il riait des prophéties, des miracles et des gens
qui en vivent. Il se mit ainsi lui-même dans le cas de
ces guerriers dont il parle, qui

> furent bien punis,
> Car ils s'étaient moqués de saint Denis.

(1) XXXI, 207. Il dit que les reproches qu'on lui fait d'avoir
rendu la superstition ridicule prouvent eux-mêmes combien son
œuvre était nécessaire. XLI, 27.

CHAPITRE XIII.

« Cet ouvrage est précieux. C'est le premier où
M. de Voltaire, qui n'avait jusqu'alors porté à la religion chrétienne que des attaques indirectes, osa
l'attaquer de front. Il parut peu de temps après la
Profession de foi du Vicaire Savoyard. M. de Voltaire
fut un peu jaloux du courage de Rousseau, et c'est
peut-être le seul sentiment de jalousie qu'il ait jamais
eu ; mais il surpassa Rousseau en hardiesse comme
il le surpassait en génie (1). »

Ces lignes suffiraient pour appeler l'attention sur
la date du *Sermon des cinquante.* On comprendra
mieux encore l'utilité de savoir d'une façon très précise le moment où il fut composé, en lisant ce qu'enseignait ces jours derniers M. Brunetière (2) : « Jus-

(1) Condorcet, Avertissement du *Sermon des cinquante.* Dans
sa *Vie de Voltaire,* il dit également que la hardiesse de Rousseau excita l'émulation de Voltaire.

(2) *Etudes critiques sur l'histoire de la Littérature française,* 4e série, 1891, p. 268 et 279-285.

qu'en 1758, si l'on veut bien prendre pour époque décisive du siècle la date de la suppression de l'*Ency-clopédie* (1), l'opinion flottait, hésitait encore, quoi qu'on en ait pu dire... et n'était pas encore passée tout entière aux philosophes et à l'opposition... Ceux que l'on commençait d'appeler les philosophes, d'Alembert, Diderot, Rousseau, scandalisaient l'opinion... mais ne l'avaient pas encore convertie. Voilà pourquoi Voltaire, avant de se ranger de leur bord, attendit qu'ils eussent l'opinion avec eux. Il ne se sentait point né pour le martyre, mais encore bien moins pour l'impopularité ; et je n'ose point dire qu'il eût gardé ses idées, mais assurément il n'en eût point donné les expressions hardies qu'il en a données dans ses *Mélanges*, s'il ne s'était piqué, quand il les vit en faveur, de surpasser les encyclopédistes en audace comme il les surpassait en génie. »

Je ne crois pas au calcul que l'on prête à Voltaire. On raisonne comme si, dans une heure propice, il avait publié le *Sermon des cinquante* ouvertement, avec éclat ; il l'a toujours au contraire désavoué autant que possible. « Je ne sais ce que c'est, écrivait-il à sa nièce, Mme de Fontaine... Si c'était

(1) L'*Encyclopédie* fut supprimée non en 1758, mais en 1759, un peu plus de deux années après l'attentat de Damiens (janvier 1757), et non l'année suivante, comme M. Brunetière le dit, p. 284.

quelque sottise antichrétienne et que quelque fripon osât me l'imputer, je demanderais justice au pape, tout net. Je n'entends point raillerie sur cet article (1). » En 1768, il attribuait le *Sermon* à « un prince respectable » (2). Un de ses grands griefs contre Rousseau fut le passage des *Lettres de la Montagne* où il se vit dénoncer comme auteur de cet écrit. Dans sa *Correspondance* il parle fort peu du *Sermon*, semble même éviter de s'en occuper ; il ne permit de l'insérer dans aucune édition de ses œuvres. Est-ce ainsi qu'il eût agi s'il avait voulu rivaliser d'audace avec Rousseau ?

Selon M. Brunetière, il a pendant plus d'un grand quart de siècle suspendu la guerre qu'il avait commencée dans l'*Épître à Uranie* et dans les premières *Remarques sur Pascal*. La trêve n'eut pas cette durée, il s'en faut de beaucoup. Elle finit avec la vie de Mme du Chastellet (3). Attends, attends, criait Voltaire à Pascal lors des poursuites contre les *Lettres Anglaises*. Il se repentait de n'en avoir pas dit davantage dans ses fichues lettres, puisque sa modération

(1) LIX, 449.
(2) XLIV, 208.
(3) LI, 481. Le désir de ne pas se séparer de son amie amena cette trêve qui fut moins complète qu'on ne le dit. Même pendant cette période, Voltaire écrit des œuvres comme *Zadig* (1747), où il y a des attaques contre la religion, attaques qui ne passèrent pas inaperçues. LV, 208.

ne lui avait servi de rien, et se promettait d'être moins prudent quand il serait à Bâle. Il tint parole. Dix ans avant le moment où l'on place la reprise des hostilités, il entreprenait à Berlin le *Dictionnaire Philosophique*. La *Défense de Bolingbroke* est de 1752. L'*Essai sur les mœurs*, qui « n'est que la guerre déclarée au Christianisme par l'histoire (1) », parut en 1756. L'*Extrait des sentiments de J. Meslier* fut envoyé à Damilaville dans les premiers jours du mois de février de l'année 1762. Expédiant à d'Argental, le 28 septembre de l'année 1761, des exemplaires de la *Lettre de Charles Gouju à ses frères*, Voltaire en parle comme d'un écrit déjà connu par ses amis (2). Diderot disait à Mlle Volland, le 19 octobre de la même année : « Celui qui public des ouvrages aussi hardis que la *Lettre de Gouju* et tant d'autres s'est mis apparemment au-dessus de toute frayeur (3) ».

(1) Ce sont les expressions de Nisard. Il faut en tenir compte ici, malgré ce qu'elles ont d'excessif.

(2) A ces écrits on pourrait en joindre d'autres. Il est probable que, bien avant l'année 1762, circulait en manuscrit la tragédie de *Saül*.

(3) Diderot achève de caractériser la *Lettre de Gouju* en disant : « A propos de cette lettre, les jansénistes viennent d'en donner une édition. En vérité, je crois qu'un janséniste foulerait au pied un crucifix, à condition d'égorger impunément un jésuite. » — Dans le chapitre suivant, nous parlerons de la guerre à l'Infâme, et nous verrons que l'Infâme est le christia-

Voltaire n'a donc pas, pour reprendre sa polémique interrompue, attendu dans un silence prudent le succès des encyclopédistes ou l'exemple de Rousseau. Ce n'en est pas moins une question sinon « presque capitale », comme le pense M. Brunetière, du moins très intéressante « pour l'histoire des idées de Rousseau, pour la connaissance du caractère ou de la politique de Voltaire et pour l'histoire même du mouvement philosophique au XVIIIe siècle », que cette question : En quelle année précise, ou plutôt en quel mois de l'année 1762 a paru le *Sermon des cinquante?* Avant ou après la *Profession de foi du Vicaire Savoyard?*

Beuchot, comme les éditeurs de Kehl, place le *Sermon* en 1762. Attendu que les dates des lettres de Voltaire ne sont pas toujours exactes, il dit que la lettre à Mme de Fontaine où il en est question ne

---

nisme pris dans un certain sens. Or dès l'année 1759 il est à chaque instant question dans la *Correspondance* de rendre l'Infâme ridicule, de l'écraser. Quand Voltaire souffre, se battre contre elle le soulage. LVIII, 148, 205. Il écrit à d'Alembert le 23 juin 1760 : « Je voudrais quelque ouvrage sérieux où l'Infâme fût confondue... Je voudrais que vous écrasiez l'Infâme » ; à Damilaville, le 8 mai 1761 : « On prie les philosophes d'inspirer pour l'Infâme l'horreur qu'on lui doit ». Le 4 mai 1762, d'Alembert lui répond : « Ecrasez l'Infâme, me répétez-vous sans cesse ; eh ! mon Dieu, laissez-la se précipiter elle-même ». Si Courtat avait lu Voltaire aussi bien qu'il s'en flattait, il n'aurait pas, dans sa *Défense*, p. 157, fait commencer la guerre contre l'Infâme en 1762 par la publication du *Sermon*.

saurait servir à fixer l'époque où il a été publié. Mais, à propos de la lettre à d'Argental du 14 septembre 1761, dans laquelle Voltaire parle d'un excellent sermon que Damilaville montrera aux anges, Beuchot explique qu'il s'agit sans doute du *Sermon des cinquante*, qui fut imprimé un an plus tard. Enfin dans sa liste chronologique des œuvres de Voltaire, il met au *Sermon* l'astérisque qui marque les écrits dont la date est incertaine (1).

M. Desnoiresterres dit que la *Profession de foi du Vicaire Savoyard* parut peu de temps après le *Sermon*, mais il n'apporte à l'appui de son opinion aucun argument solide (2).

M. Moland a réimprimé le *Sermon* à la date de 1762 avec l'Avertissement des éditeurs de Kehl et la note de Beuchot, sans y rien ajouter (3). Puis dans la *Correspondance* adoptant, conformément à l'avis de G. Avenel, le 11 juin 1759 pour date de la lettre à Mme de Fontaine, il admet que le *Sermon* fut publié trois ans avant la *Profession de foi*.

M. Bengesco examine assez longuement le pro-

(1) LIX, 597, note 2; LXX, 510.

(2) *Voltaire et Rousseau*, p. 255 de l'édition in-12. M. Desnoiresterres montre par quelques citations que la façon dont Voltaire juge le *Vicaire Savoyard* n'est point du tout celle d'un envieux.

(3) Edition Garnier, tome XXIV.

blème (1) ; il cite un passage de la Correspondance de Grimm où il est dit que le *Sermon* fut fait à Berlin; mais il refuse d'en tenir compte et maintient le *Sermon* en 1762. Cette conclusion vient d'être adoptée par M. Brunetière comme une solution définitive sur laquelle il n'y a pas à revenir.

Un examen attentif amène au contraire à l'abandonner.

Il résulte des *Lettres de la Montagne* que le *Sermon* était connu à Genève antérieurement à la condamnation de Rousseau en cette ville (2). Rousseau suppose que Voltaire, s'il eût été consulté par les magistrats, aurait allégué son *Sermon* pour empêcher de brûler l'*Emile*. Or l'*Emile* ne parut que quelques jours avant la fin du mois de mai, et le 4 juin Voltaire l'attendait encore (3). Même en admettant qu'il n'eût pas perdu une minute après l'avoir lu, aurait-il eu, avant la condamnation qui est du 18 juin, le temps d'inventer le *Sermon*, et de le répandre assez pour lui donner une grande notoriété, tout en évitant de se compromettre ? Bien moins encore aurait-il pu citer à la décharge de Rousseau, comme resté impuni à Ge-

(1) *Bibliographie*, II, 113-5.

(2) 5ᵉ Lettre.

(3) Les quelques lignes placées par Beuchot à la date du 28 mai ont été reportées par M. de Cayrol au 4 juin.

nève, un ouvrage qui aurait à peine existé depuis quelques heures.

Les indications de Grimm et de Rousseau méritent d'être prises en considération sérieuse; mais, postérieures l'une et l'autre à l'année 1762, elles ne sont pas tout à fait décisives (1). Un autre texte qui n'a été cité par personne, à ma connaissance, jette un grand jour sur la question.

L'avocat Barbier écrit dans son *Journal*, au mois d'août 1760 (2) : « Il paraît une pièce manuscrite intitulée *Sermon des cinquante*. On suppose dans le préambule qu'il se tient à Genève une assemblée de cinquante gens de lettres qui tour à tour font un sermon, et que celui-ci est de Voltaire à qui ses ennemis prêtent cette pièce... Ce sermon est épouvantable. Les deux premiers points sont une critique affreuse

(1) En ce qui touche la date du *Sermon*; mais il résulte certainement de la *Cinquième Lettre sur la Montagne* que Voltaire avait avant l'*Emile* été plus hardi contre la religion que ne l'est le *Vicaire Savoyard*. Le fait est confirmé par ce passage des *Mémoires* de *Bachaumont*, 8 juillet 1762 : « Il y a à Genève une fermentation considérable occasionnée par la condamnation du livre de Rousseau. Les ministres de l'Église prétendent qu'on souffre dans l'Etat un homme, M. de Voltaire, dont les écrits sont bien plus répréhensibles, et que les distinctions qu'on lui accorde sont une preuve de l'irréligion qu'il a introduite dans la république. » Rousseau présente le *Sermon* non seulement comme antérieur à l'*Emile*, mais aussi comme la conséquence ou le développement d'un chapitre sur les Juifs, encore plus ancien.

(2) Page 284 du tome VII de l'édition Charpentier.

de l'Ancien Testament pour en démontrer la fausseté et l'impiété, et le troisième est de même contre le Nouveau Testament. Si l'auteur était connu, on ne lui ferait pas faire de voyage autre part qu'à la place de Grève pour être brûlé (1). »

Ainsi le *Sermon* était connu à Paris près de deux ans avant la publication de l'*Emile*. Depuis combien de temps existait-il? Avait-il, comme Grimm l'assure, été fait à la Cour de Frédéric, c'est-à-dire dès l'année 1753 au plus tard ? De plus amples recherches nous l'apprendront peut-être. Sans les attendre, il faut dès à présent retirer à Rousseau l'honneur que l'on s'obstine à lui faire, au mépris de sa déclaration for-

(1) Notez ce dernier trait qui explique assez pourquoi Voltaire a toujours si peu parlé du *Sermon*, même pour le renier. — A la vérité, ce que Barbier dit du préambule de la pièce manuscrite ne s'accorde pas tout à fait avec le préambule du *Sermon* tel que nous le lisons. Dans celui-ci il n'est pas question de gens de lettres, ce sont des personnes instruites, pieuses et raisonnables. Ce n'est point un motif pour douter que l'écrit répandu dans Paris dès le milieu de l'année 1760 fût notre *Sermon* dans le préambule duquel deux ou trois lignes auraient été un peu différentes de la rédaction définitive. Toute la description de Barbier convient trop parfaitement à l'ouvrage de Voltaire. L'objection que l'on tirerait du jugement porté par le pauvre avocat sur le style de la pièce ne mériterait pas de réponse : en matière littéraire, l'incompétence de Barbier n'est que trop évidente. — Lepan dans sa *Vie de Voltaire*, p. 182 de la 4e édition, dit que Voltaire est désigné comme auteur du *Sermon* par La Baumelle dans la *Réponse* qu'il fit au *Supplément du Siècle de Louis XIV* en 1753. Je n'ai rien trouvé de cela dans cette *Réponse* (Colmar, 1754, in-12).

melle. Ce n'est pas dans la *Profession de foi du Vicaire Savoyard* que l'on cherchera désormais l'origine du *Sermon des cinquante* (1).

(1) Je partageais encore l'erreur commune lorsque j'ai écrit l'*Esprit de la Révolution française*. — La faute de Condorcet s'explique facilement. Né en 1743, il avait dix-neuf ans à peine en 1762 et s'était jusqu'alors occupé principalement d'études scientifiques. Il est moins facile d'expliquer que son assertion ait été aveuglément acceptée et préférée par tant de personnes à celle de Grimm, bien mieux placé pour savoir la vérité sur ce point ; mais surtout comment se fait-il que l'on n'ait pas vu les conséquences à tirer de la page de Rousseau dans les *Lettres de la Montagne*? Comment se fait-il que le texte de Barbier n'ait pas été remarqué? Je me garderai bien de médire des documents manuscrits, mais j'ai le droit de répéter ici ce que j'ai déjà dit ailleurs : la manie de courir après des textes inédits détourne beaucoup trop des textes imprimés dans lesquels on ferait des découvertes infiniment plus importantes que presque toutes celles dont on mène si grand bruit.

CHAPITRE XIV.

L'INFAME.

On sait que dans beaucoup de lettres de Voltaire
et de ses correspondants, ces mots : écrasons l'Infâme, reviennent comme un refrain répété avec complaisance, une sorte de *delenda Carthago*. Qu'est-ce
que cette Carthage nouvelle, cette infâme contre
laquelle la guerre est ainsi prêchée (1) ?

On dit que c'est la religion chrétienne. Une réponse aussi vague peut se trouver tantôt juste, tantôt
fausse, selon le sens qu'on y attache. Il y a bien des
manières d'entendre le christianisme. C'est même la
difficulté de le définir, l'impossibilité de convenir
d'un symbole commun, qui de tout temps arma ses
sectateurs les uns contre les autres.

En voyant la France appauvrie et désolée par
leurs querelles, en assistant aux persécutions contre

(1) Littré ne donne cette locution ni au mot *Écraser* ni au
mot *Infâme*.

les protestants, à l'abominable guerre des Cévennes, aux disputes des jansénistes avec les molinistes ; en lisant les débats sur le quiétisme qui avaient le double tort d'être profondément ennuyeux et de porter Bossuet à des « procédés lâches » ; en pensant que les soi-disant disciples de Jésus-Christ cherchaient depuis tant de siècles, dans le dogme, dans le culte, dans la discipline, dans la hiérarchie, de quoi ensanglanter presque sans relâche la partie de l'Europe où ils sont établis ; en entendant chaque Eglise soutenir que hors d'elle il n'est point de salut, que les païens n'ont pas connu la vertu, que Socrate, Marc-Aurèle et Epictète n'étant capables ni de véritable justice, ni de véritable charité, sont damnés, Voltaire prenait en pitié ces absurdités et ces horreurs auxquelles il n'y a rien de pareil ni chez les Romains et les Grecs, ni chez les barbares; il sentait un dégoût mortel, déclarait que c'était là le fruit de la plus infâme superstition qui ait jamais abruti les hommes, et maudissait ces croyances qui ont causé plus de maux que la peste ou les tremblements de terre.

Il s'étonnait que l'on osât faire venir sur la terre pour la livrer au meurtre et au brigandage un Dieu qui ne peut assurément ni être né d'une fille, ni être mort à une potence, ni être mangé dans un morceau de pâte, ni avoir inspiré des livres remplis de contradiction, de démence et d'horreurs. Toutes les sectes chrétiennes lui semblaient également funestes. Les réformateurs n'ont renversé l'autorité du Pape que pour se mettre sur son trône ; aux décisions des Conciles ils ont substitué celle des Synodes, et Barneveldt a péri comme Jean Huss. Qu'importe que l'on soit brûlé par les conseils de Léon X ou par les ordres de Calvin? Bayle avait cru pouvoir en pays libre parler librement de David : il s'aperçut qu'il ne valait pas mieux avoir affaire à Jurieu et au Consistoire qu'à Bossuet et à l'Église gallicane.

Si l'on n'est chrétien qu'à condition de prendre parti dans des discussions où les mots sont aussi inintelligibles que le fonds et de professer cette maxime que quiconque ne pense pas comme nous est réprouvé et qu'il faut avoir les réprouvés en horreur; si le christianisme implique nécessairement une adhésion à des formules absurdes, exige de nous une foi qui, à vrai dire, n'est « qu'une incrédulité soumise (1) » et qui rend féroce; si c'est le christianisme qui engendre en plein XVIIIe siècle les prodigieuses sottises de la bulle *Unigenitus*, le supplice de Calas, celui de La Barre, l'autodafé de 1761, alors les chrétiens sont abominables, et tout homme sensé doit

____

(1) XXIX, 444.

avoir pour eux une aversion profonde ; alors c'est bien le christianisme que pendant soixante ans, d'une façon plus ou moins ouverte, mais avec une passion qui ne s'apaise jamais, Voltaire poursuit dans ses œuvres les plus graves comme dans les plus légères, aux heures de gaîté comme aux heures d'indignation : c'est la religion chrétienne qui est l'infâme.

Mais ne saurait-on concevoir un christianisme qui n'insulterait pas à la raison et qui ne causerait pas de persécutions, un christianisme sensé, humain, tolérant? N'est-il pas permis de se dire chrétien, bien que l'on n'admette ni révélation, ni prophéties, ni miracles, ni damnation éternelle ? Pourquoi ne pas faire dans les Evangiles deux parts, celle du bien et celle du mal? L'eau changée en vin, le troupeau de cochons noyés, la conversation avec le diable sur la montagne, le figuier séché parce qu'il n'a pas de figues dans une saison où les figues ne poussent pas, la résurrection, l'ascension, tous les prodiges ridicules et tous les mots fâcheux prêtés à Jésus sont-ils inséparables des paroles bienfaisantes et des actes charitables auxquels ils sont associés par la légende ?

Personne n'a fait cette distinction mieux que Voltaire ni plus souvent. Il se garde bien de confondre la religion avec la superstition (1). Dans des endroits où il s'exprime sans détours, sans la moindre ironie, dans des ouvrages qui ne devaient pas porter son nom et où il n'avait pas de précautions à prendre, il explique aussi nettement que possible qu'en détruisant l'une, il tient à maintenir l'autre.

Comme on ne peut cesser d'être persécuteur sans avoir auparavant cessé d'être absurde, dès l'année 1722 il dénonce

Les mensonges sacrés dont la terre est remplie ;

il travaille à épurer la religion, et pour cela la première chose à faire est de la dégager de toute théologie : or épurer n'est pas supprimer, c'est tout le contraire (2).

Il écrit dans le *Dictionnaire Philosophique* : La religion, dites-vous, a produit des milliasses de for-

(1) Sainte-Beuve ne croit pas cela. Il soutient qu'en s'appropriant le mot de Lucrèce *relligio pedibus subjecta*, mais en mettant *superstitio* à la place de *relligio*, Voltaire sait bien qu'il donne une entorse à la vérité plus encore qu'à la quantité. Une foule de passages prouvent le contraire, et les éditeurs de Kehl eurent raison lorsque, Frédéric ayant dit de Voltaire : Il terrassa l'erreur et la religion, ils proposèrent de corriger ce vers en mettant « superstition » au lieu de « et la religion ». L'infâme, c'est la superstition chrétienne, non la religion chrétienne. Voltaire vient de faire la connaissance de Turgot ; il écrit : « Si vous avez plusieurs sages de cette espèce, l'infâme est perdue. » Il est bien clair que ce n'est pas la religion chrétienne qu'il veut dire.

(2) LXI, 323 ; XII, 16 ; XL, 345 ; XLV, 84.

faits ; dites la superstition. C'est un serpent qui entoure la religion de ses replis, il faut lui écraser la tête sans blesser celle qu'il infecte... Un sot prêtre excite le mépris, un mauvais prêtre inspire l'horreur, un bon prêtre sans superstition est un homme qu'on doit chérir et respecter. Vous craignez l'abus, et moi aussi. Unissons-nous pour le prévenir, mais ne condamnons pas l'usage quand il est utile à la société (1).

« Milord Bolingbroke aurait dû s'en tenir à proscrire la théologie et non la religion chrétienne dont tout homme d'Etat peut tirer de très grands avantages pour le genre humain... Il est triste qu'il ait voulu couper par la racine un arbre qu'il pouvait rendre très utile en élaguant ses branches et en nettoyant ses mousses. » Voltaire veut non pas qu'on coupe cet arbre, mais qu'on le greffe (2).

Au lieu de penser comme nous qu'un christianisme expurgé de toute espèce de dogme, de tout surnaturel, de tout ce qui répugne à la raison, cesse de mériter le nom qu'on lui donne (3), Voltaire soutient

(1) XXVIII, 389-91.

(2) XLIII, 495 ; XLVI, 270. Voltaire explique, LVIII, 465, que son but est de « réduire l'infâme à l'état où elle est en Angleterre ». Ce n'est pas supprimer le christianisme.

(3) « Une des pires malhonnêtetés intellectuelles est de jouer sur les mots, de présenter le christianisme comme n'imposant presque aucun sacrifice à la raison. » M. Renan, *Souvenirs de jeunesse*, p. 300.

que c'est là le vrai christianisme, que la religion officielle, intolérante et barbare, qui domine en Europe, aurait été réprouvée par Jésus, est absolument contraire à la religion douce et sainte dont l'instituteur vivait dans la paix et l'humilité en prêchant le pardon des outrages. Aux charlatans, aux imposteurs, aux docteurs si peu doctes qui nous assomment de gros volumes sur des questions dont il n'est pas dit un mot dans les Evangiles, Voltaire oppose Jésus qui n'écrivit jamais une seule ligne, qui vécut toujours dans une humble obscurité, qui se soumit depuis sa naissance jusqu'à sa mort à la religion dans laquelle il était né (1).

« Considérez les fêtes que Jésus observa, elles étaient toutes juives, et nous faisons brûler ceux qui célèbrent les fêtes juives. Jésus a-t-il dit qu'il y avait en lui deux natures ? Non, et nous lui donnons deux natures. Jésus a-t-il dit que Marie était mère de Dieu ? Non, et nous la faisons mère de Dieu. Jésus a-t-il dit qu'il était consubstantiel ? Non, et nous l'avons fait consubstantiel. Dites-moi un seul de vos dogmes qui soit le sien, je vous en défie. — Mais, Monsieur, en parlant ainsi vous n'êtes pas chrétien. — Je suis chrétien comme l'était Jésus dont on a

(1) XLVI, 215-7 ; XLIV, 459.

changé la doctrine céleste en doctrine infernale (1).»

« Quels sont les vrais chrétiens? Ceux qui croient avec Jésus qu'il faut aimer Dieu et son prochain, pardonner les injures et réparer ses torts (2). »

Au fond Jésus était un sage à qui l'on impute des choses qu'un sage n'a jamais pu faire ni dire. Sa religion a été tellement corrompue de siècle en siècle que celle des chrétiens lui est toute contraire. Jésus était un homme distingué par sa vertu, par son amour de l'égalité fraternelle, un réformateur peut-être inconsidéré qui fut la victime de persécuteurs fanatiques. Voltaire le révère comme un théiste israélite comparable à Socrate. Qu'on écarte tout ce qui lui est étranger, tout ce qu'on lui a attribué mal à propos en divers temps, que reste-t-il? Un adorateur de Dieu qui a prêché la vertu, un ennemi des pharisiens, un juste dont la religion est la seule véritable (3).

Non seulement Voltaire insiste sur les exemples de douceur, de patience, d'indulgence que Jésus a donnés, mais il essaie même parfois de tourner en faveur de la tolérance les textes des Evangiles dont l'esprit persécuteur s'est servi pour justifier l'intolérance.

(1) XLI, 404.
(2) XXXIV, 353.
(3) XLI, 402 ; XLIV, 134.

Je n'énumérerai pas les pages dans lesquelles, par un choix arbitraire entre les versets du *Nouveau Testament*, Voltaire arrive à fabriquer un christianisme acceptable (1). Je transcrirai seulement quelques lignes du *Dictionnaire Philosophique* (2). Voltaire passe en revue « les héros de l'humanité, les bienfaiteurs de la terre ». Il vient de s'entretenir avec Numa, Zoroastre « et tous les sages qui ont cherché la vérité et pratiqué la vertu », excepté Pythagore à qui, pour lui plaire, il n'a dit mot. Il fait une dernière rencontre : « Je vis un homme d'une figure douce et simple qui me parut âgé d'environ trente-cinq ans. Il jetait de loin des regards de compassion sur ces amas d'ossements blanchis à travers lesquels on m'avait fait passer pour arriver à la demeure des sages. Je fus étonné de lui trouver les pieds enflés et saignants, les mains de même, le

(1) Voir. par exemple, l'éloge des premiers chrétiens qui professaient la simplicité, l'égalité et dont les croyances et les vertus se retrouvent chez les paisibles, les respectables Pensylvaniens, XVII, 455-6 ; l'éloge de la morale de Jésus qui reste divine sous les fadaises théologiques et ressemble à un diamant couvert de fange, XXIX, 247-8 ; XLIV, 215. Il y aurait aussi à citer de beaux vers sur Jésus, XII, 97 ; ce qui concerne le christianisme raisonnable de Locke, XLIII, 488 ; et le passage où, à propos des confrères de la Passion qui mettaient Jésus sur la scène, Voltaire dit qu'il y a là matière à un ouvrage sublime et semble regretter qu'il ne lui soit pas permis de l'exécuter, XVI, 429.

(2) Article Religion, 2ᵉ section.

flanc percé et les côtes écorchées de coups de fouet.
Eh! bon Dieu, lui dis-je, est-il possible qu'un juste,
un sage soit dans cet état !... Avez-vous donc contribué à ces monceaux affreux d'ossements? — Je
n'ai vu qu'avec horreur ceux qui se sont rendus coupables de tous ces meurtres. — Et ces monuments
de puissance et de richesse, d'orgueil et d'avarice,
ces signes de grandeur que j'ai vus accumulés sur la
route en cherchant la sagesse, viennent-ils de vous?
— Cela est impossible. J'ai vécu, moi et les miens,
dans la pauvreté et dans la bassesse. Ma grandeur
n'était que dans la vertu.

J'étais près de le supplier de me dire qui il était.
Mon guide m'avertit de n'en rien faire... Je le con-
jurai seulement de m'apprendre en quoi consistait
la véritable religion. Il me répondit : Aimez Dieu et
votre prochain comme vous-même. — Quoi! en
aimant Dieu on pourrait manger gras le vendredi?
— J'ai toujours mangé ce qu'on m'a donné, car j'étais
trop pauvre pour donner à dîner à personne. — Ne
pourrais-je en faisant du bien me dispenser d'aller
en pèlerinage à Saint-Jacques de Compostelle? — Je
n'ai jamais été dans ce pays-là. — Ne faudrait-il pas
prendre parti pour l'Église grecque ou pour la La-
tine? — Je ne fis aucune différence entre le Juif et le
Samaritain quand je fus au monde. — Eh bien, s'il est

ainsi, je vous prends pour mon seul maître. Alors il me fit un signe de tête qui me remplit de consolation. La vision disparut et la bonne conscience me resta. »

Depuis dix-huit cents ans que Jésus est célébré, a-t-il reçu un hommage plus touchant que celui-là ? L'a-t-on jamais rendu plus aimable et plus vénérable ? N'y a-t-il pas dans l'espèce de mystère dont Voltaire l'entoure quelque chose de délicat qui ajoute au prix de la louange ? M. Renan a-t-il rien de plus délicieux que la fin de cette page ?

En vérité, les sarcasmes et les invectives contre l'Infâme ne s'adressent pas plus au personnage idéal qui s'appelle Jésus que les plaisanteries de la *Pucelle* ne s'adressent à l'héroïne de notre histoire. Jésus et Jeanne n'ont pas été desservis par Voltaire, loin de là ; ces deux figures radieuses lui doivent en partie la belle lumière dont elles resplendissent aujourd'hui. En les dégageant des fables qui les obscurcissaient, il a contribué à préparer le culte qui leur est rendu par les hommes du XIXe siècle. Il a fait pour elles ce que font les architectes pour les vieilles cathédrales qu'ils débarrassent des masures adossées à leurs côtés, ce que font les voyageurs qui enlèvent les sables et les décombres sous lesquels sont ensevelies les merveilles de l'Assyrie ou de l'Egypte. Est-

ce manquer de révérence pour un texte falsifié
que de noter les stupides interpolations qui le déshonorent et de rire des contre-sens qui le déna-
turent?

CHAPITRE XV.

L'ÉGLISE DE FERNEY.

Vers la fin de l'année 1760, Voltaire annonça qu'il bâtissait une église (**1**). Il en fit grand bruit, trouvant la chose à la fois adroite et plaisante. Ce ne fut toutefois ni par amusement ni par politique qu'il se mit à l'œuvre, et la construction dont il se divertissait d'abord lui attira bien des ennuis.

Il y avait une église à Ferney quand il vint s'y établir. Elle était laide, masquait le château. Il ne pouvait la démolir qu'à condition de la remplacer par une autre. « Les méchants diront que je bâtis cette église pour faire jeter à bas celle qui me cachait un beau paysage et pour avoir une grande avenue », écrivait-il. Si les méchants l'ont dit, cette fois ils ont dit à moitié la vérité ; la vérité tout entière est qu'il commença par jeter bas avant d'avoir rien édifié. Il avait obtenu de l'évêque d'An-

(1) Elle ne fut commencée qu'en 1761.

necy et du curé de Ferney permission de changer l'emplacement de l'église et du cimetière, seulement il avait abattu un morceau de l'une et le mur de l'autre avant l'accomplissement des formalités requises en pareil cas. Il fut dénoncé comme sacrilège, un procès criminel lui fut intenté. L'inscription qu'il donna à son église fournit un autre grief contre lui; il avait pensé à mettre *Deo soli*. Il y renonça et mit seulement *Deo erexit*. Le sens était encore assez clair et plus hardi qu'il ne semble (1). Le nom de Dieu à la place de celui de la Vierge, d'un ange ou d'un saint, équivalait à une affirmation de déisme pur.

On a contesté la sincérité de cette profession de foi et prétendu qu'il n'invoquait la divinité que comme un épouvantail, pour empêcher ses domestiques de le voler. L'inscription de Ferney ressemblerait aux écriteaux destinés à protéger les maisons de campagne et sur lesquels on lit : Il y a des pièges à loup dans cette propriété.

Un passage de l'A B C a été souvent cité à l'appui de cette thèse. De peur d'être trompé et volé, M. A.

(1) D'Argenson dit que son grand-père avait donné à une église de Touraine une inscription analogue : Au Père éternel. Elle avait été critiquée et avait donné lieu à une querelle avec les jésuites.

veut que son tailleur, son valet et sa femme croient en Dieu. On lui objecte des dévotes infidèles à leur mari ; il réplique : Et moi j'en ai connu une que la crainte de Dieu a retenue, et cela me suffit.

Fût-il vrai que l'interlocuteur A ne prêche l'existence de Dieu que par intérêt et sans conviction, il n'y aurait pas grand'chose à en conclure. Ce n'est pas A qui dans cet écrit exprime l'opinion de Voltaire, c'est plutôt B ; mais A lui-même admet une intelligence formatrice, il dit : Adorons Dieu, soyons justes et bienfaisants ; voilà l'essentiel, voilà la conclusion de toute cette dispute (1).

La croyance en Dieu n'est pas seulement un frein salutaire, le plus efficace pour prévenir les délits des petites gens et surtout les crimes des grands (2) ;

(1) XLV, 132-5.
(2) On n'aurait pas dû s'y tromper. Le vers célèbre : « Si Dieu n'existait pas.. » est suivi de ceux-ci, XIII, 265 :

> Que le sage l'annonce et que les rois le craignent.
> Rois, si vous m'opprimez, si vos grandeurs dédaignent
> Les pleurs de l'innocent que vous faites couler,
> Mon vengeur est au ciel, apprenez à trembler.

La même idée se retrouve partout : « Quelle est la ressource qui nous reste contre la violence, la persécution ? De bien persuader l'existence de Dieu au puissant qui opprime le faible (XXIX, 266). L'athéisme est un monstre pernicieux dans ceux qui gouvernent (XXVII, 189). Il peut, quoi que vous en disiez, encourager les Néron, les Alexandre VI, l'opinion contraire peut les réprimer (XXVIII, 387). Sans ce frein je regarderais les princes et leurs ministres comme des animaux féroces (LXV, 160). Qui retiendra les grands et les rois dans leur ambition à

c'est en même temps la seule opinion plausible qui soit à notre portée en métaphysique.

Voltaire est un esprit religieux. Vers la fin d'un hiver pendant lequel il a passé tout son temps à méditer, il écrit à Mme du Deffand : « Ne méditez-vous pas aussi, Madame? Ne vous vient-il pas aussi quelquefois cent idées sur l'éternité du monde, sur la matière, sur la pensée, sur l'espace, sur l'infini » ? Il est plongé dans les problèmes qui ont fait le désespoir de Pascal. « Je me suis mis à rechercher ce qui est. C'est une terrible besogne, mais la curiosité est la maladie de l'esprit humain... L'étude des choses qui sont si fort au-dessus de nous, rend les intérêts de ce monde bien petits à nos yeux, et quand on a le plaisir de se perdre dans l'immensité, on ne se soucie guère de ce qui se passe dans les rues de Paris (1). »

Il ne peut comprendre la dédaigneuse et sotte indifférence dans laquelle croupissent presque tous

laquelle ils veulent tout immoler ?... La croyance en Dieu est le seul frein des hommes puissants » (XXXIV, 419). Tous ceux « qui ont passé leur vie dans ce cercle de crimes que les imbéciles appellent politique, coups d'Etat », étaient des athées ; peut-être l'athéisme n'est-il pas incompatible avec les vertus sociales « dans la tranquille apathie de la vie privée, mais il doit porter à tous les crimes dans les orages de la vie publique... Si le monde était gouverné par des athées, il vaudrait mieux être sous l'empire des êtres infernaux qu'on nous peint acharnés contre leurs victimes ». XLIII, 242-50.

(1) LXIII, 75.

les hommes sur l'objet qui les intéresse le plus. A quarante ans, dans le *Traité de métaphysique* qui ne fut publié qu'après sa mort, il avait dit que les questions sur Dieu, sur la morale, la religion, sont d'une importance à qui tout cède, et que les recherches dans lesquelles nous amusons notre vie sont bien frivoles en comparaison. A soixante-seize ans il ne peut encore s'accoutumer à la légèreté avec laquelle des personnes d'esprit traitent la seule chose essentielle (1).

« Qui es-tu? D'où viens-tu! Que fais-tu? Que deviendras-tu? C'est une question qu'on doit faire à tous les êtres dans l'univers, mais à laquelle nul ne répond... Arrêtés dès le premier pas et nous repliant vainement sur nous-mêmes, nous sommes effrayés de nous chercher toujours et de ne nous trouver jamais. » « Malgré ce désespoir », Voltaire ne laisse pas de désirer d'être instruit; sa curiosité trompée reste toujours insatiable (2). Elle lui inspire ces paroles :

(1) XLVI, 587; XXXVII, 298; LXVI. 403. — « La stupide indolence dans laquelle la plupart des hommes croupissent sur l'objet le plus important. XLIII, 43. Les ouvrages de théâtre ne sont que des amusements... L'étude principale de l'homme est celle dont on s'occupe le moins; presque personne ne s'occupe d'examiner d'où il vient, où il est, ce qu'il deviendra. LIX, 138. L'existence de Dieu est la chose qui intéresse le plus le genre humain. XXVIII, 379. Voir aussi LXVI, 392.

(2) XLII, 535-9, 545.

« Quand j'ai regardé autour de moi et dans moi,
j'ai conclu que quelque chose existe de toute éternité ;
puisqu'il y a des êtres qui sont actuellement, j'ai
conclu qu'il y a un être nécessaire et nécessairement
éternel. Ainsi le premier pas que j'ai fait pour
sortir de mon ignorance a franchi les bornes de
tous les siècles. Mais quand j'ai voulu marcher
dans cette carrière infinie ouverte devant moi, je
n'ai pu ni trouver un seul sentier, ni découvrir
pleinement un seul objet, et du saut que j'ai fait
pour contempler l'éternité je suis retombé dans
l'abîme de mon ignorance... Pourquoi sommes-nous ?
Pourquoi y a-t-il des êtres ? Qu'est-ce que la pensée ?... O atomes d'un jour, ô mes compagnons dans
l'infinie petitesse, nés comme moi pour tout souffrir
et pour tout ignorer, y en a-t-il parmi vous d'assez
fous pour croire savoir tout cela ? Non, il n'y en a point ;
non, dans le fond de votre cœur vous sentez votre
néant comme je rends justice au mien, mais vous
êtes assez orgueilleux pour vouloir qu'on embrasse
vos vains systèmes (1). »

(1) xxx, 311. N'est-il pas vrai que cela fait songer à certains
passages des *Pensées* ? M. Havet dit : « Comment serait-on Voltaire si on entrait profondément dans Pascal ? » Soit ; cependant
Voltaire est peut-être entré dans Pascal plus que ne le veut
M. Havet. — D'autres endroits rapppellent Shakspeare : « Je
révère la puissance éternelle, il ne m'appartient pas de la
borner. Je n'affirme rien, je me contente de croire qu'il y a

Toute sa vie il a rêvé à ces grandes questions, sans être plus avancé pour cela. — « Ce n'était donc point la peine d'y penser. — Il est vrai, mais que voulez-vous ! Il n'a pas dépendu de moi de recevoir dans ma cervelle toutes les idées qui sont venues y combattre les unes contre les autres et qui ont pris mes cellules médullaires pour leur champ de bataille. Il est bien triste d'avoir tant d'idées et de ne pas savoir au juste la nature des idées, mais il est bien plus triste et beaucoup plus sot de croire savoir ce qu'on ne sait pas. » Ainsi Voltaire finit-il par renoncer à franchir les limites de notre nature, à approfondir ce qui est impénétrable pour nous ; il se bornera désormais à répéter : « Il y a quelque chose, donc il existe éternellement un être nécessaire... Il n'y a dans la nature qu'un principe universel, éternel et agissant, il y a un Etre suprême d'où découlent en tout temps tous les êtres... Prétendre deviner ce qu'est Dieu est fort impertinent, mais il paraît bien hardi de nier qu'il est... Dans l'opinion qu'il y a un Dieu il se trouve des difficultés, mais dans l'opinion contraire il y a des absurdités (1)... Après s'être traîné de doute en doute, on peut regarder cette

plus de choses possibles qu'on ne pense ». XXXIII, 193. C'est presque le mot d'Hamlet : There are more things...

(1) XXX, 267 ; XLII, 563 ; XLVI, 45-51 ; LVI, 282 ; XXXVII, 296-8.

proposition : il y a un Dieu, comme la chose la plus vraisemblable que les hommes puissent penser, et la proposition contraire comme la plus absurde (1). »

Frédéric dit que Voltaire eût été étonné de s'entendre accuser de nier l'existence de Dieu qu'il prouvait avec tant de force et toutes les ressources de son génie. J'ai peine à le croire. En ce temps-là tout

(1) Selon Condorcet, l'écrit de Voltaire : *Il faut prendre un parti* (1772), renferme peut-être les preuves les plus fortes de l'existence d'un Être suprême qu'il ait été possible jusqu'ici aux hommes de rassembler. — Il y aurait bien des citations à ajouter à celles qu'on vient de lire ; j'indique au hasard : L'admirable début de la section II de l'article *Religion* dans le *Dictionnaire philosophique*. « Je méditais cette nuit, j'étais absorbé dans la contemplation de la nature... » Jamais le déisme n'a inspiré une éloquence plus simple et plus touchante. — « La plus grande des probabilités, la plus ressemblante à une certitude est qu'il existe un être suprême qui préside à la nature entière, XLVIII, 62-3. — « Cette vérité nous presse de tous côtés. Les vrais philosophes sont les apôtres de la divinité, *Mens agitat molem*, l'esprit régit le monde. Virgile a bien dit. » XXXVII, 161, 172, 520. Tout ce que je puis faire, c'est de croire que le Dieu de ce monde est éternel et existant par lui-même. XXVIII, 360.

> Entends, Dieu que j'implore, entends du haut des cieux
>   Une voix plaintive et sincère ;
> Mon incrédulité ne doit pas te déplaire,
>   Mon cœur est ouvert à tes yeux.
> L'insensé te blasphème et moi je te revère.
> Je ne suis point chrétien, mais c'est pour t'aimer mieux. (XII, 19.)
> O Dieu qu'on méconnaît, ô Dieu que tout annonce,
> Entends les derniers mots que ma bouche prononce.
> Si je me suis trompé, c'est en cherchant ta loi.
> Mon cœur peut s'égarer, mais il est plein de toi. (XII, 177.)

Voltaire a pris soin de rappeler que dans les soupers « plus que libres » qu'il faisait à la cour de Frédéric « Dieu était respecté » (XL, 72.)

philosophe devait s'attendre à être traité d'athée : c'était l'usage. La mode a changé. Wagnière n'aurait plus à défendre son maître sur ce point : la crédulité et la mauvaise foi ne sont peut-être pas plus rares aujourd'hui qu'elles n'étaient jadis, mais il ne se trouve plus guère personne pour répéter cette sottise. On connaît fort mal au contraire ce que Voltaire pensait de l'âme. On croit en général que, malgré certaines hésitations, il admettait son existence sans beaucoup plus de difficultés que l'existence de la divinité. C'est une erreur. Dans ses plus forts accès de scepticisme, l'existence de Dieu reste pour lui l'opinion « la plus ressemblante à une certitude qu'il soit donné à l'homme d'atteindre » ; dans les moments où il s'exprime avec le plus de ménagements, il avertit que s'il n'a pas de démonstration contre la spiritualité et l'immortalité de l'âme, toutes les vraisemblances sont contre elles (1).

(1) XXXVII, 319. Les éditeurs de Kehl ont dit que dans le *Traité de métaphysique* dont ces lignes font partie, Voltaire est fortement persuadé de l'immortalité de l'âme, et Beuchot a reproduit leur assertion sans faire aucune remarque. XXXVII, 277. La faute est d'autant plus grave que ce traité n'ayant pas été publié par Voltaire, est un des écrits où nous devons chercher de préférence l'expression de sa pensée intime. Les mêmes éditeurs disent, XLVI, 594, que dans les trois écrits intitulés *Lettres de Memmius, Tout en Dieu* et *De l'âme*, Voltaire semble regarder l'âme comme une faculté plutôt que comme un être à part ; il fait plus que sembler, il dit, p. 592-3 : l'homme sera sans âme.

Parfois il se borne à dire que nous ignorons absolument si nous avons une âme et ce que c'est que l'âme, terme vague , indéterminé, qui exprime un principe inconnu d'effets que nous sentons en nous (1). Le plus souvent il ne s'en tient pas là, il se prononce catégoriquement contre notre prétendue âme, déclare que le je ne sais quoi qu'on nomme matière peut aussi bien penser que le je ne sais quoi qu'on appelle esprit, et que la faculté pensante que l'éternel architecte du monde nous a donnée, se perd comme la faculté mangeante, buvante et digérante. « Puisqu'il est très vrai qu'il n'y a point dans vous un être à part qui s'appelle sensibilité, un autre qui soit mémoire, un troisième qui s'appelle jugement, un quatrième qui s'appelle imagination, concevez-vous aisément que vous en ayez un cinquième composé des quatre autres qui n'existent point ?... Cette âme que vous imaginez être une substance, n'est en effet qu'une faculté, elle est une propriété donnée à nos organes et non une substance. Les hommes n'ont supposé une âme que par la même erreur qui leur

(1) XLV, 26-7 ; XLVIII, 509 ; XXVI, 199. Dans les dialogues entre Lucrèce et Posidonius, XXXIX, 589, la conclusion est la même : rien de certain sur l'âme, Dieu seul affirmé. — « Que pensez-vous donc de l'âme ? Rien, repartit l'Ingénu ; si je pensais quelque chose, c'est que nous sommes sous la puissance de l'Être éternel comme les éléments... que nous sommes de petites roues de la machine immense dont il est l'âme. »

fit supposer dans nous un être nommé mémoire qu'ils divinisèrent ensuite... On a toujours cherché comment l'âme agit sur le corps. Il fallait d'abord savoir si nous en avions une... Vous avez disséqué des cerveaux, vous avez vu des embryons et des fœtus, avez-vous découvert quelque apparence d'âme ? Pas la moindre... Pourquoi voulons-nous à toute force en avoir une ? Peut-être c'est par vanité. Si un paon pouvait parler, il se vanterait d'avoir une âme et dirait que son âme est dans sa queue (1). »

Il y a quelques endroits où Voltaire tient un lan-

(1) LXVIII, 78 ; LVII, 300 ; LXVIII, 209 ; LXV, 284 ; LXVIII, 77 ; XXXIV, 433-5. — « Peut-on admettre quelque chose dont on n'a aucune idée ?... L'âme est-elle une entéléchie ? Mais il fallait auparavant savoir quelle idée on attache à ce mot âme, et alors on aurait vu qu'on n'en a aucune ». XLI, 570. Une note dit qu'il ne s'agit là que de l'âme des bêtes, mais ce n'est qu'une précaution ; voyez page 583, en haut. — « On a imaginé, après bien des siècles, que nous avions une âme, on s'est tellement habitué à cette idée qu'on l'a prise pour une chose réelle ; on a crié partout l'âme, l'âme ! sans avoir la plus légère notion de ce que l'on prononçait... On prononçait ce mot vaguement et sans s'entendre, comme on profère les mots de mouvement, d'entendement, d'imagination, de mémoire, de désir, de volonté. Il n'y a point d'être réel appelé volonté, désir, mémoire, imagination, entendement, mouvement. » XLVII, 86. Voir encore l'article *Identité* du *Dictionnaire Philosophique* ; il est bien fort contre l'immortalité et sans réserves. Condorcet a donc eu tort de dire que Voltaire est resté dans une incertitude presque absolue sur la spiritualité et la permanence de l'âme, et qu'il s'est rarement permis de montrer ses doutes à cet égard ; c'est le contraire qui est vrai.

gage différent de celui-là (1) ; peut-être en de rares
instants a-t-il cru l'âme spirituelle et immortelle.
Mais s'il s'est contredit, c'est surtout pour effrayer les
grands de la terre en les menaçant d'une vie future
où ils expieraient l'abus qu'ils font de leur puissance.
Il comptait si peu sur cette expiation que, par une
inadvertance que je renonce à expliquer, dans des
écrits où il annonce des peines et des récompenses
après la mort, il lui arrive de conclure contre l'existence de l'âme. Il sait parfaitement qu'elle n'est pas
indispensable pour fonder la morale. Les premiers
Juifs l'ignoraient : n'y avait-il point d'honnête homme
parmi eux ? La loi judaïque n'enseignait-elle pas la
vertu ?... Quand nous aurions une démonstration
que tout périt avec le corps, nous n'en devrions pas
moins adorer le Dieu qui nous a faits et suivre la
raison qu'il nous a donnée. Dût notre existence ne
durer qu'un seul jour, il faudrait être vertueux...
Chez les Chinois, il n'est pas question de peines ni de
châtiments après la mort. Ils n'ont point voulu affirmer ce qu'ils ne savaient pas. Ils crurent qu'une

(1) Des infortunés lui crient que l'espérance d'une vie meilleure n'est peut-être qu'une illusion. Il répond : « Commençons
par réfuter ces objections avec les sages... Nous ignorons ce
qui pense en nous, et par conséquent nous ne pouvons savoir si
cet être inconnu ne survivra pas à notre corps. — Mais si je
suis sûr qu'il n'y a point d'autre vie ? — Je vous en défie. » XLIII,
236-8 ; XXVII, 469-70.

police exacte, toujours exercée, ferait plus d'effet
que des opinions qui peuvent être combattues... Il y
a d'autres freins que la croyance à l'enfer, il y a celui
de l'honneur, celui des lois, celui de la divinité qui
veut sans doute que l'on soit juste, soit qu'il y ait un
enfer, soit qu'il n'y en ait point (1).

Bien plus, les hommes doivent être justes quand
même ils auraient le malheur d'être athées. Il existe,
indépendamment de toute métaphysique, une loi
naturelle, c'est-à-dire une loi que la nature indique
à tous les hommes... Quoique ce qu'on appelle vertu
dans un climat soit précisément ce qu'on appelle
vice dans un autre, et que la plupart des règles du
bien et du mal diffèrent comme les langages et les
habillements, cependant il y a des lois dont les
hommes sont obligés de convenir par tout l'univers,
malgré qu'ils en aient... « Partout où j'ai passé, j'ai vu
qu'on se croyait obligé de tenir sa promesse... Ceux
qui pensent différemment m'ont paru des créatures
mal organisées, des monstres comme ceux qui sont

(1) XXXI, 48 ; XV, 90 ; XXIX, 120. Il dit également, XXXVII,
320 : « Il faut prévenir l'esprit de ceux qui croiraient la mor-
talité de l'âme contraire au bien de la société et les faire souvenir que les anciens Juifs dont ils admirent les lois, croyaient
l'âme matérielle et mortelle, sans compter les sectes de philosophes qui étaient de fort honnêtes gens. » Voir dans l'*Histoire
du peuple d'Israël*, III, 252, le parti que M. Renan a tiré de cet
argument.

nés sans yeux et sans mains... — Mais la secte de
Laokium dit qu'il n'y a ni juste ni injuste, ni vice
ni vertu. — La secte de Laokium dit-elle qu'il n'y a
ni santé ni maladie?... L'erreur de penser qu'il n'y a
ni santé de l'âme ni maladie de l'âme, ni vertu ni
vice, est aussi grande et plus funeste (1). »

Préoccupé d'établir que la morale a son fondement dans notre nature, que toutes ses règles découlent de la règle stoïcienne *secundum naturam
vivere*, qui n'est elle-même qu'une suite du précepte
Socratique : connais-toi toi-même, Voltaire ne s'arrête pas aux discussions qui de tout temps ont di-
visé les moralistes. Il trouve qu'en dépit de ces
controverses les hommes reconnaissent partout
l'autorité d'une même loi « commune à Socrate et à
Epicure, à Confutzé et à Cicéron, à Marc-Aurèle et à
Amurath II ; elle est enseignée par tous les philosophes, quoiqu'ils aient tous des idées différentes sur
les principes des choses... Hobbes, Spinosa, Bayle,
qui ont nié les premiers principes ou qui en ont
douté, ont cependant recommandé fortement la
justice et toutes les vertus... Il y a des actions que
le monde entier trouve belles : un ami se dévoue à
la mort pour son ami ; l'Algonquin, le Français, le

(1) LII, 265 ; XLII, 450 ; XXXVII, 336 ; XXXI, 271 ; XXVII, 467.

Chinois diront tous que cela est fort beau. Ils en diront autant des grandes maximes de morale, de celle-ci de Zoroastre : Dans le doute si une action est juste, abstiens-toi; et de celle-ci de Confucius : Oublie les injures, n'oublie jamais les bienfaits. Vous trouverez une foule de gens qui vous diront qu'ils n'ont rien trouvé de beau dans les trois quarts de l'*Iliade*, mais personne ne niera que le dévouement de Codrus pour son peuple ne soit fort beau, supposé qu'il soit vrai (1). »

Il y a des divergences dans les interprétations que la loi universelle a reçues ; depuis qu'il existe des sociétés, elle a été comprise de bien des façons; mais de ce qu'une règle varie, qu'en conclure, sinon qu'elle existe? Toutes les discussions du monde n'empêcheront pas que ce principe : Ne fais pas à autrui ce que tu ne voudrais pas qu'on te fît, ne soit un principe universel. S'il y a des nations où l'on mange son père et sa mère, celui qui les mange espère être mangé à son tour par ses enfants (2).

On peut regretter que parmi les manières d'interpréter la loi naturelle, Voltaire n'en ait pas adopté une plus sévère que celle à laquelle il s'est arrêté.

(1) XXX, 505 ; XLII, 596 ; XXXVII, 315-6.
(2) XLII, 594 ; XXXVIII, 40. Sur l'unité de la morale, voir la lettre à Frédéric, LII, 522 : « Toutes les sociétés n'auront pas les mêmes lois, mais aucune société ne sera sans loi. »

A la faveur de sa remarque que toutes les grandes
écoles de philosophie ont formé d'honnêtes gens, il
s'est contenté d'une sagesse qui n'a rien de rigide, qui
semble même trop accommodante à certains égards.
Elle n'est pourtant pas à dédaigner. Sénèque proteste contre quelques-uns de ses maîtres qui ensei-
gnaient que l'épicurisme mène au vice ; il compare
cette doctrine qui vaut mieux que sa réputation à
un homme de cœur qui aurait revêtu un habit de
femme. La morale de Voltaire n'est point austère
comme celle d'Epicure, mais elle aussi a été calom-
niée : *infamis est et immerito*. Elle n'exclut nullement
les aspirations élevées et généreuses. Voltaire honore
les stoïciens « qui rendirent la nature humaine
presque divine » ; il a des préceptes que l'on croirait
pris chez eux. Il estime que les trois seules choses
pour lesquelles on doit aimer la vie sont la vérité, la
liberté, la vertu ; que la connaissance de la vertu
restera toujours sur la terre pour nous consoler
quand nous l'embrasserons, pour nous accuser
quand nous violerons ses lois (1). Les saints qu'il
invoque le plus souvent sont Epictète et Marc-Aurèle (2). D'Holbach s'était permis de dire : Il serait

---

(1) C'est l'idée si bien exprimée par Perse : *Virtutem videant
intabescantque relicta.*

(2) Lui-même les appelle des Saints : « Adressons nos commu-

inutile et peut-être injuste de demander à un homme
d'être vertueux, s'il ne peut l'être sans se rendre
malheureux ; dès que le vice rend heureux, il doit
aimer le vice. Voltaire répliqua : « Cette maxime est
exécrable ; quand il serait vrai qu'un homme ne
pourrait être vertueux sans souffrir, il faudrait l'encourager à l'être... La satisfaction d'avoir dompté
les vices est cent fois plus grande que le plaisir d'y
avoir succombé, plaisir toujours empoisonné, plaisir
qui mène au malheur... On nous crie que la nature
humaine est essentiellement perverse ; il serait bien
plus raisonnable de dire aux hommes : vous êtes nés
bons, voyez combien il serait affreux de corrompre
la pureté de votre être. On dit à un soldat pour
l'encourager : Songe que tu es du régiment de Cham-
pagne ; on devrait dire à chaque individu : Souviens-
toi de ta dignité d'homme (1).

nes prières à saint Zénon, saint Epicure, saint Marc-Aurèle,
saint Epictète, saint Bayle. » LXI, 440.

(1) XXVIII, 379 ; XXX. 170. Voir aussi XXVII, 467-8 : Dès là que
Dieu existe, il est nécessaire que son existence remplisse tout
l'espace et tous ses ouvrages, et puisqu'il est dans vous, c'est
un avertissement continuel de ne rien faire dont vous puissiez
rougir devant lui. — Que faut-il faire pour oser ainsi se regarder soi-même sans répugnance et sans honte devant l'Etre
suprême ? — Etre juste. — Et quoi encore ? — Etre juste... —
Mais il y a tant de nuances du juste et de l'injuste ! Quelle
règle me donnerez-vous pour les discerner ? — Celle de Confutzé : Vis comme en mourant tu voudrais avoir vécu ; traite
ton prochain comme tu veux qu'il te traite.

Rêvons pour nos arrière-neveux un avenir où la morale de Voltaire pratiquée généralement deviendrait insuffisante ; tâchons nous-mêmes d'en avoir pour notre usage une plus difficile. A nos contemporains et même aux hommes du siècle qui va venir, ne demandons que la dose de probité, d'équité, d'humanité, de fierté dont Voltaire nous croyait capables. Elle suffit à faire d'honnêtes gens et plus encore (1). Exiger davantage à bref délai dénoterait d'étranges illusions.

Peut-être même ne faudrait-il pas souhaiter autre chose avant quelques siècles. Que deviendrait le genre humain si demain, par impossible, il allait se convertir à une morale extrêmement pure? Imaginez les hommes en foule prenant pour guides les saints et les sages que nous admirons le plus. L'état d'esprit d'un Epictète, d'un Marc-Aurèle, est-il bien favorable aux grandes entreprises industrielles, commerciales, agricoles, aux conquêtes de la science ? L'aiguillon qui nous a tirés de la barbarie des premiers âges, *duris urgens in rebus egestas*, eût-il été bien efficace chez un peuple de stoïciens? Tous les arts auraient été déclarés inutiles, sinon dangereux ; on s'en serait passé. Un Julien, un Pascal sont

____

(1) Cette morale est toute pareille à celle de Mme Roland dont l'efficacité est manifeste. Voir les lettres à Mlles Cannet, I, 458-61, 465.

exposés à dédaigner la propreté la plus élémentaire, à reléguer les balais parmi les meubles superflus.

Voltaire raconte que Memnon conçut un jour le projet insensé d'être parfaitement sage et se dit à lui-même : Pour être très sage, il n'y a qu'à être sans passions. Ce fut aussi pendant quelque temps l'avis de Zadig : Ah ! que les passions sont funestes, s'écriait-il. — Ce sont les vents qui enflent les voiles du vaisseau, repartit l'ermite ; elles le submergent quelquefois, mais sans elles il ne pourrait voguer. L'ermite et Voltaire avaient raison. Pour accomplir certaines œuvres indispensables, il est prudent de ne pas compter sur les moralistes austères, sur les ascètes revenus de toutes ambitions et détachés de tous les biens de la terre. Avec les sentiments d'un Bernard de Menthon on multiplierait les hospices sur les sentiers des Alpes, on ne fonderait pas les compagnies qui percent le Mont-Cenis. Il est bon, il est beau de gravir les hauteurs sublimes, mais nous ne sommes pas faits pour vivre parmi les neiges immaculées. Bien que sur le Mont-Blanc l'air soit d'une pureté admirable, nous y respirons mal : notre place est plus humble, plus bas, dans la vallée, sur la rive du lac, à Ferney, là où l'on bâtit, où l'on plante, où s'exécutent les travaux qui préparent un monde meilleur et des âges plus heureux que le nôtre.

CHAPITRE XVI.

CANDIDE.

Le pessimisme n'était pas en honneur au xviiie siècle. Cependant quelques personnes souffraient de cette maladie et maudissaient l'existence. Voltaire leur accordait qu'il est très triste de vivre, que le néant a du bon, mais il lui était impossible d'aimer véritablement ce néant malgré ses bonnes qualités. Il ne pouvait souffrir que l'on soutînt que plus on pense, plus on est malheureux. Le sage doit sortir de la vie

En rendant grâce aux dieux de nous l'avoir donnée (1).

Un homme aussi merveilleusement doué que Voltaire a tant de ressources contre l'ennui et le découragement! Il fait de si bon cœur tous les métiers! A Cirey, il est tout à la fois physicien, astronome, architecte, maçon, tapissier; c'est pour plaire à son

(1) LXI, 425 ; XIII, 222.

amie, mais cela même est une douceur grande. D'ailleurs à Ferney nous le retrouvons aussi zélé pour les mêmes fonctions, avec quelques autres de plus, celles de vigneron, de laboureur, de jardinier. Curieux de tout, s'intéressant à tout, il n'a pas le temps de se laisser aller aux idées noires. Savoir au juste ce que pèse le soleil est pour lui un vif plaisir. — « Qu'importe ce qu'il pèse, direz-vous. Oh ! il importe ort pour nous autres songe-creux, car cela tient au grand principe de la gravitation. » Quand on rampe dans un petit coin de l'occident et qu'on n'a que deux jours à vivre, c'est une consolation de promener ses idées dans l'antiquité et à quelques mille lieues de son trou. Ne peut-on aussi, oubliant la vieillesse, faire des plans de voyage, rêver à l'excursion en Italie où l'on verrait avant de mourir le Capitole et la ville souterraine d'Herculanum ? Et qui sait ! Si la Grèce allait être délivrée, n'y aurait-il pas moyen d'y faire une visite ? Il serait doux de souper dans Athènes libre avec Périclès et Aspasie au sortir d'une tragédie de Sophocle (1).

Même sans Aspasie, un bon souper a des charmes. Glissons sur le plaisir qu'on y prend : l'agrément en passe avec l'âge, avec la maladie qui condamne au

____

(1) LII, 322 ; LXVIII, 299 ; LV, 449, 475, 484, 619 ; LVI, 15 ; XLVII, 132.

régime; mais disons qu'une belle musique (1), un livre qui parle à l'imagination et à l'esprit apportent un adoucissement dans les tourments d'une maladie, ôtent petit à petit aux chagrins du cœur leur amertume (2).

N'oublions pas la jouissance de combattre l'erreur et de lutter contre la superstition (3); celle d'agir pour l'immortalité et, quand vient Turgot, celle de voir éclore les grands projets qui vont revivifier la France. Voltaire croit au progrès. La comparaison du passé avec le présent, quelque malheur que nous puissions éprouver, doit nous faire sentir notre bonheur. Il reste encore de mauvais jours à passer, des défaites à subir; les troupes de Franklin sont battues, on bat les philosophes partout, mais courage! Plus on pensera, moins les hommes seront malheureux. Le grand jour approche. Cette idée égaie la fin de ceux de Voltaire et lui donne envie de vivre (4).

(1) A Ferney, on se déclare pour Gluck. Voltaire n'est-il en ce cas que l'écho de Mme Denis? Je vois bien des raisons pour qu'il ait compris le génie d'un homme avec lequel il avait tant de points communs.

(2) LI, 185.

(3) Cela soulage de la colique. LVIII, 206.

(4) LXII, 370; XXIII, 530; XVI, 435; LXX, 148; LXVI, 445; LXV, 372; LXIX, 565. Si l'on veut d'autres textes, en voici quelques-uns recueillis au hasard; on remarquera le dernier qui fait sourire. « Il semble que l'esprit de critique, lassé de ne

Cette foi robuste fut-elle sans défaillance ? Si Babouc ne trouva pas mauvais que Persépolis subsistàt,

persécuter que des particuliers, a pris pour objet l'univers. On crie toujours que ce monde dégénère... Quoi donc ! nous faudra-t-il regretter les temps où il n'y avait pas de grand chemin d'Orléans à Bordeaux et où Paris était une petite ville dans laquelle on s'égorgeait ? On a beau dire... les hommes valent mieux. XXIV, 27. Vous souvenez-vous du temps où presque tous les rois de la terre étant dans une profonde paix s'amusaient à jouer aux énigmes et où la belle reine de Saba venait proposer des logogriphes à Salomon ? C'était un bon temps, mais il n'a pas duré... Celui-ci est infiniment meilleur. On ne songeait qu'à montrer un peu d'esprit, et je vois que depuis dix à douze ans on s'est appliqué dans l'Europe aux arts et aux vertus qui adoucissent l'amertume de la vie... On a osé prononcer le mot de tolérance. XXXIV, 335. Toutes ces nouveautés font-elles qu'on soit plus heureux ? Je le crois fermement. De bonnes maisons, de bons vêtements, de la bonne chère avec de bonnes lois et de la liberté valent mieux que la disette, l'anarchie et l'esclavage. XLV, 63. Pourquoi les hommes sont-ils un peu meilleurs et un peu moins malheureux qu'ils ne l'étaient du temps d'Alexandre VI, de la Saint-Barthélemy et de Cromwell ? C'est qu'on commence à penser, à s'éclairer et à bien écrire. XLV, 120. Je mourrai avec la foi que j'ai à la raison humaine, l'espérance que des ministres hardis et sages détruiront enfin des usages aussi ridicules que dangereux. LXIV, 573. Cette philosophie humaine qui probablement écartera les guerres de religion... a étendu l'esprit humain... Il est à croire que la raison et l'industrie feront toujours de nouveaux progrès, que les préjugés disparaîtront peu à peu et que la philosophie partout répandue consolera un peu la nature humaine des calamités qu'elle éprouvera dans tous les temps. XLI, 26-7. Les jeunes gens sont bien heureux, ils verront de belles choses. LXI, 385. Cela paraît un rêve, mais ce n'en est pas moins vrai : je suis sûr que si j'étais plus jeune, je verrais le temps où l'on pourrait écrire de Paris à Pékin et recevoir réponse au bout de sept ou huit mois. LXVII, 316.

Selon Nisard, l'*Essai sur les mœurs*, « aiguillon pour les amis du progrès », a pour les conservateurs « le tort d'exciter cette impatience de l'avenir qui fait d'injustes censeurs du présent ».

tandis que Jonas se fàchait de ce que Ninive ne fùt pas détruite, c'est que quand on a été trois jours dans le corps d'une baleine, on n'est pas de si bonne humeur que quand on a été à la comédie et qu'on a soupé en bonne compagnie. Faut-il admettre que des chagrins domestiques amenèrent un jour l'auteur du *Mondain* à écrire *Candide ?*

C'est l'opinion de Michelet qui croit à une « fàcheuse éclipse » de Voltaire en 1759, vers l'époque de son établissement à Ferney (1).

L'éclipse, s'il y en eut une, a commencé bien avant cette date et avant les événements auxquels Michelet l'attribue. Dix ou douze ans plus tôt, dans la *Vision de Babouc* (2), Voltaire avait donné un tableau des misères humaines où Beuchot a montré en germe tout *Candide.* On peut avec plus de fondement encore en dire autant du *Poème sur le désastre de Lisbonne* qui est de 1755. Ce qu'il y a d'essentiel dans *Candide* se trouve également dans la correspondance de cette année.

C'est le moment où Voltaire vient de se fixer sur les bords du lac de Genève. Il est enchanté de tout ce qu'il a sous les yeux, de sa maison des Délices qui mérite son nom, de celle qu'il a près de Lau-

(1) Michelet donne pour dates à cette crise 1759-61.
(2) Parue en 1748 et écrite environ deux ans avant.

sanne, de ses jardins, de son lac dont les truites
pèsent jusqu'à vingt livres, des Alpes qui par-dessus
tout cela font un effet admirable. Il croit avoir enfin
trouvé la sécurité dans la retraite et pouvoir imprimer impunément dans la ville de Calvin que
Calvin fut dur et sanguinaire. Il joue *Zaïre* sur
son théâtre aux applaudissements de ses voisins. Ayant la tranquillité, l'abondance de tous les
biens, il ne regrette que ses amis de France. Person-
nellement, malgré ses douleurs d'entrailles, il n'a pas
à se plaindre. En 1760, à soixante-sept ans, il est
mille fois plus heureux qu'à trente (1).

Pendant qu'il jouit de la vie « la plus douce qu'on
puisse imaginer », arrivent, à partir de l'année 1755,
toutes sortes de choses affreuses. Lisbonne est détruite par un tremblement de terre qui fait des milliers de victimes. Des autodafés s'allument. La guerre
de Sept Ans éclate, l'Allemagne est inondée de sang,
la France ruinée, nos armées et nos flottes sont
battues. Depuis la maudite affaire de Rosbach, tout

(1) LVII, 237, 121, 231, 249, 69, 75-6 ; LIX, 30. Toute sa correspondance de cette époque est sur ce ton. Dans ses *Mémoires*
écrits vers le même temps et non publiés de son vivant, il tient
un langage tout pareil : « Je mets en pratique ce que j'ai dit
dans le *Mondain*. Oh ! le bon temps que ce siècle de fer ! Toutes
les commodités de la vie se trouvent dans mes deux maisons ;
une société douce et de gens d'esprit remplit les moments que
l'étude et le soin de ma santé me laissent... » XL, 98.

est en décadence chez nous, on ne voit que des sujets d'affliction et de honte. En contemplant du port les orages, Voltaire ne se livre pas à la joie sans mélange que Lucrèce a célébrée, il est « quasi honteux » de son bonheur. Devant des événements si épouvantables, il n'ose plus parler de ses affaires particulières : il n'est pas permis de songer à soi dans une désolation générale (1). Impatient de revoir la paix qui est le règne de Dieu, navré de massacres qui sont le règne du diable, ému des malheurs publics, des persécutions contre les philosophes, de tout ce que souffre le genre humain, il écrit le *Poëme sur le désastre de Lisbonne* et *Candide* (2).

Il pensait faire acte de charité (3). D'éminents écrivains en ont jugé autrement. Rousseau lui reproche le *Poëme* : il s'étonne que ce pauvre homme accablé de prospérités déclame amèrement contre les misères de la vie, qu'il trouve toujours que tout est mal et que, du sein du bonheur, il cherche à désespérer ses semblables par l'image cruelle des calamités dont il est exempt (4).

(1) XL, 120; LVII, 519; LVI, 794.
(2) LVIII, 56, 82.
(3) LVII, 69, 75.
(4) Notez que Rousseau prétend n'avoir jamais lu *Candide*.
— Il était d'autant plus mal venu à faire ainsi la leçon à Vol-

Pour Mme de Staël, *Candide* est un ouvrage d'une gaîté infernale, écrit par un être d'une autre nature que nous, indifférent à notre sort, content de nos souffrances et riant comme un démon ou comme un singe des misères de l'espèce humaine.

M. Faguet voit dans *Candide* un pessimisme absolu qui n'admet ni exception, ni espoir, ni plainte même.

Il me semble que l'on fait dire à Voltaire ce qu'il ne dit pas : il réfute un système, il ne soutient pas le système opposé. Il montre le mal qu'il y a sur la terre, mais il ne prétend pas que tout soit mal, irrémédiablement mal et qu'il faille supporter ce mal dans un morne silence ; il donne au contraire l'exemple de la protestation.

Nous avons deux yeux, l'un pour les biens, l'autre pour les maux de la vie ; beaucoup de gens ont la mauvaise habitude de fermer le premier et quelques-uns ferment le second (1). Voltaire ouvre tout grands l'un et l'autre.

Contre Pascal et les messieurs qui veulent abso-

----

taire que dans la note 9 du *Discours sur l'inégalité*, il convient qu'à tout prendre la vie est un assez mauvais présent pour l'homme. L'énumération de nos misères qui suit cet aveu fut très remarquée par les contemporains ; peut-être appartient-elle à Diderot, mais si Rousseau n'en est pas l'auteur, il l'a adoptée.

(1) XXXIII, 29.

lument nous prouver que nous sommes déchus,
qui nous désespèrent,

> Qui pensent qu'ici-bas tout est misère et crime,

qui s'acharnent à nous peindre tous méchants et
malheureux, il a osé prendre parti pour l'humanité,
il combat cette « misanthropie sublime » et assure
que nous ne sommes ni si pervers ni si à plaindre
qu'on le dit, que la nature a fait les choses pour le
mieux, bien que dans ce mieux il y ait beaucoup de
mal..., trop sans doute, mais moins qu'on ne croit...
Le plaisir de se plaindre et d'exagérer est si grand,
qu'à la moindre égratignure vous criez que la terre
regorge de sang. Un esprit mélancolique qui a
souffert une injustice voit l'univers couvert de
damnés (1).

Mais voici Leibnitz, Pope, Shaftesbury et autres
qui soutiennent la thèse contraire, qui exigent ce
que les stoïciens eux-mêmes eussent hésité à admettre, qui veulent non seulement que nous trou-
vions que la douleur n'est pas un mal, mais qu'il

---

(1) LIV, 350-1 ; XIII, 207 ; L, 375 ; LVIII, 370 ; XXXI, 173. Cette
dernière citation est de 1764. « L'homme n'est point né pervers
ni enfant du diable... N'étant né ni bon ni méchant, l'éducation, l'exemple, le gouvernement, l'occasion le déterminent à
la vertu ou au crime. » XXX, 245. « L'homme n'est pas si méchant qu'on le dit.... on peut croire que cet animal est né bon
et qu'il n'est méchant que quand il est effarouché. » XXVIII, 15.

n'y a pas de mal du tout en ce monde. Voltaire regimbe. « Bolingbroke s'entendait-il bien lui-même quand il digérait ce système? Que veut dire : tout est bien ? Est-ce pour nous? non sans doute. Est-ce pour Dieu ? Il est clair que Dieu ne souffre pas de nos maux. Quelle est donc cette idée platonicienne? Un chaos comme tous les autres systèmes (1).

L'axiome : tout est bien, paraît étrange à ceux qui sont témoins de certains désastres. Il était recevable en un certain sens, mais on en a abusé. Si, lorsque Lisbonne et tant d'autres villes ont été englouties, on avait crié aux malheureux qui échappaient à peine à la mort : tout est bien, c'est l'effet nécessaire de causes nécessaires, votre mal particulier n'est rien, vous contribuez au bien général ; un tel discours n'eût-il pas été aussi cruel que le tremblement de terre a été funeste (2) ? Le : tout est bien, n'est qu'une parodie de bel esprit, une mauvaise plaisanterie. Quel exécrable soulagement prétendez-vous donner à des malheureux persécutés et calomniés, expirant dans les tourments, en leur disant : tout est bien, vous n'avez rien à espérer de mieux ? Que de prétendus philosophes, en voyant toute la terre

(1) XL, 298. En 1761.
(2) Préface du *Poème*, XII, 185, 189.

souffrir, disent : tout est bien, sans espérance de mieux, c'est un délire déplorable (1).

Rencontrant un nègre affreusement mutilé par un maître barbare : O Pangloss, s'écria Candide, tu n'avais pas prévu cette abomination. C'en est fait, il faudra qu'à la fin je renonce à ton optimisme. — Qu'est-ce qu'optimisme ? dit Cacambo. — Hélas ! dit Candide, c'est la rage de soutenir que tout est bien quand on est mal. Et il versait des larmes en regardant le nègre.

Qu'est-ce que pessimisme ? dirons-nous à notre tour. Est-on pessimiste parce que l'on déverse l'ironie sur le sophiste qui, après avoir été pendu, disséqué, roué de coups, mis aux galères, répète que tout va pour le mieux, que Leibnitz ne peut avoir tort et que l'harmonie préétablie est la plus belle chose du monde ? Est-on pessimiste parce que l'on réduit au silence les optimistes béats qui avec le Mathieu Garo de La Fontaine louent Dieu en toutes choses, qui avec Racine remercient le bon Dieu de n'avoir brûlé qu'à moitié leur enfant tombé dans la

(1) *Dictionnaire Philosophique*. Ce morceau est de 1765, peut-être même un peu postérieur. Même idée dans une lettre à Keith en octobre 1759 : « This present war is the most hellish that was ever faught. Let the madmen who say that all that is, is well be confounded. T'is not so indeed with twenty provinces exhausted and with three hundred thousand men murdered.

cheminée, et qui regardent comme impossible que la peste et l'inquisition n'entrassent pas dans la composition du meilleur des mondes possibles (1) ?

Le récit de Voltaire a une conclusion qu'il n'est pas permis de négliger. Candide et ses compagnons rencontrent un bon vieillard qui prend le frais, devant sa porte, sous un berceau d'orangers ; ils lui demandent le nom d'un mufti qu'on vient d'étrangler à Constantinople. Il ignore l'aventure dont on lui parle, mais il invite les voyageurs à entrer chez lui et leur sert une collation exquise : son hospitalité est celle d'un grand propriétaire. Il n'a pourtant que quelques arpents qu'il cultive avec ses enfants.

(1) XXXIV, 77. — Je n'indique que les grands traits. Dans une étude complète, il faudrait faire voir que Pococurante, l'homme dégoûté de tout, n'est pas représenté comme un sage. « Platon a dit, il y a longtemps, que les meilleurs estomacs ne sont pas ceux qui rebutent tous les aliments. — Mais n'y a-t-il pas plaisir à tout critiquer? — C'est-à-dire, reprit Martin, qu'il y a plaisir à n'avoir pas de plaisir. » Cela n'a pas échappé à Grimm, qui d'ailleurs prend assez lourdement la défense de l'axiome Tout est bien : « Ce chapitre, dit-il, n'est pas une critique des auteurs, c'est la censure des gens blasés ». — Voltaire montre dans son roman ce qu'il dit dans une lettre de 1760, LIX, 192 : « Ce monde n'est souvent que fausseté et qu'horreur, mais il y a de belles âmes » ; l'anabaptiste Jacques est généreux, dévoué jusqu'à l'héroïsme. — Rousseau lui-même, qui prétend que Voltaire trouve toujours tout mal, sait cependant et dit le contraire dans la lettre où il critique le *Poème sur le désastre*: il constate que Voltaire ne tient sans doute pas à désoler, puisqu'il « enchante » dans le *Poème sur la loi naturelle*, antérieur de quelques années, mais publié en même temps.

Le travail éloigne d'eux trois grands maux, l'ennui, le vice et le besoin (1). Ce discours frappe Candide. Pangloss déclare que l'homme n'est pas fait pour le repos, et Martin convient qu'il y a un moyen de rendre la vie supportable : c'est de travailler sans trop raisonner. Toute la petite société se convertit à cette opinion. Chacun devient bon à quelque chose. Frère Giroflée lui-même fait un bon ouvrier, mieux encore un honnête homme. Et quand Pangloss veut recommencer ses vaines dissertations, Candide lui crie : à l'ouvrage, au jardin. Est-il vraiment si désespéré, si désolant, ce conte qui, après un irrésistible appel à la tolérance, à la justice, à la pitié, s'achève, comme la vie de l'empereur romain, par le mot d'ordre salutaire : *Laboremus* (2) ?

(1) Ce bon vieillard qui vit heureux dans une paix profonde pendant qu'on étrangle les grands personnages, et qui aime mieux cultiver son champ que de se mêler aux agitations du monde, n'est-ce pas Voltaire retiré loin des cours, appliqué à faire valoir ses terres et « roi » chez lui?

(2) « L'optimisme serait une erreur s'il n'était donné à l'homme d'améliorer l'ordre établi. La formule Tout est pour le mieux ne serait sans cela qu'une cruelle dérision... Voltaire n'a pas prétendu dire autre chose dans ses attaques contre l'optimisme: ce sont de justes satires. » M. Renan, *Avenir de la Science*, pages 31, 495.

CHAPITRE XVII.

LE DON QUICHOTTE DES MALHEUREUX.

Nous n'examinerons pas si le vieux père Calas a pendu son fils, si les Sirven ont noyé leur fille, si La Barre, Lally Tolendal, Montbailli méritaient les supplices qu'ils ont subis, ni si les titres des moines contre les serfs du Jura étaient d'anciens ouvrages de faussaires. Ces questions échauffent encore les panégyristes et surtout les ennemis de Voltaire ; il n'y a pas longtemps que des magistrats se sont mis à discuter de nouveau sur les Calas. On peut se dispenser de prolonger ces débats stériles, mais il n'est pas inutile de savoir exactement les motifs qui engagèrent Voltaire à intervenir dans ces procès, et s'il est vrai qu'il a été trop loué de son zèle.

Il a expliqué sa conduite d'une façon très plausible. Aux premiers mots sur les Calas, avant de savoir ce qu'il convenait de penser d'eux, il conçut le plus vif intérêt pour une affaire dans laquelle il y avait évidemment de part ou d'autre quelque chose de monstrueux. « Je voulus m'instruire en qualité d'historien, dit-il ; un événement aussi épouvantable que celui d'un parricide commis par esprit de religion, un père expirant sur la roue pour avoir étranglé son propre fils, sur le simple soupçon que ce fils voulait quitter les opinions de Calvin ; un frère violemment chargé d'avoir aidé à étrangler son frère ; un jeune avocat soupçonné d'avoir servi de bourreau dans cette exécution inouïe ; cet événement, dis-je, appartient essentiellement à l'histoire de l'esprit humain et au vaste tableau dont j'ai donné une esquisse. » Soit que le père eût tué le fils pour l'empêcher de se convertir au catholicisme, soit qu'il fût lui-même une victime innocente, le fanatisme était horrible, et il fallait approfondir la vérité (1).

Une fois convaincu que les condamnés n'étaient pas coupables, il entreprit de les réhabiliter par compassion pour leur malheur et parce qu'il importait à la France, au monde entier, que justice leur fût rendue. La haine de l'oppression, l'intérêt public, l'humanité, *caritas humani generis* (2), firent

(1) LX, 231, 219, 223.
(2) Il termine par ces mots de Cicéron l'*Avis au public* sur les Calas et les Sirven. XLII, 416. Voltaire a plusieurs fois cité cette parole de Cicéron et plusieurs fois Beuchot a mis en note

de lui le Don Quichotte des malheureux (1).

On suppose qu'il joua ce rôle pour des motifs moins respectables. Montaigne connaissait des gens qui, par manie de donner aux meilleures actions une interprétation vile, attribuaient la mort de Caton à la crainte de César ou à l'ambition ; il n'est pas surprenant qu'on ait dit que Voltaire ne s'intéressait aux Calas, aux Sirven, à La Barre, aux serfs du Jura, que par hostilité contre le catholicisme ou parce qu'il lui était avantageux de se poser en redresseur des torts.

La première de ces explications n'est pas sérieuse. L'aventure des Calas l'occupait avant qu'il sût au juste si l'indignation devait se porter sur eux ou sur

que Cicéron n'a pas dit cela. Beuchot s'est trompé en ce cas comme en beaucoup d'autres : *Caritas humani generis* est au *De finibus*, V, 23.

(1) « Il y a des choses qui me font saigner le cœur long-temps, je suis le Don Quichotte des malheureux. » Lettre à Richelieu du 18 septembre 1769. — Voir ce qu'il dit à propos de l'affaire Morangiès : « L'auteur de ce petit écrit n'a nul intérêt dans cette affaire. Il n'a jamais vu aucune des parties ni aucun des avocats, mais il aime la vérité... Il croit qu'un honnête homme ne peut mieux employer son loisir qu'à démêler le vrai dans une affaire si essentielle... Il a tâché de résoudre un problème difficile, et certes ce problème est plus important que certaines questions de philosophie dont il ne peut résulter aucune utilité pour le genre humain... Il y va de l'honneur de la nation de transmettre à la postérité ces aventures odieuses, afin de laisser un préservatif contre les excès auxquels l'aveuglement de la persécution et la démence de l'esprit de parti peuvent entraîner les hommes. XLVII, 171.

les magistrats (1). Il a plaidé avec la même ardeur des causes dans lesquelles ni la religion, ni l'Église n'étaient mêlées, celle de Lally, celle de Morangiès, celle de Montbailli.

L'autre explication est plus spécieuse. Dénoncer une erreur judiciaire, une sentence inique, un acte de barbarie, est aujourd'hui un moyen sûr et prompt de devenir populaire. Mais ce qui nous émeut si fort ne touchait guère les hommes d'autrefois. On sait l'indifférence avec laquelle Mme de Sévigné parle des pauvres paysans bretons exécutés sous ses yeux ; les mœurs n'avaient pas beaucoup changé à cet égard pendant la première moitié du xviiie siècle. La question judiciaire était toujours en usage, comme au temps où Perrin Dandin proposait à Isabelle d'aller la voir donner en guise de divertissement ; on employait sans scrupule la torture pour arracher des aveux aux prévenus.

A propos d'individus accusés de vol, puis relâchés faute de preuves, un homme cultivé, un avocat au

(1) Il me semble que cela résulte de plusieurs lettres, entre autres celle à d'Argental, lx, 218 (pas ▬▬ le témoin oculaire, le fanatisme a pu passer à des juges p▬▬▬▬, ils ont pu se tromper) et celle à d'Alembert du 29 mars 1762. Ce n'est qu'un peu plus tard qu'il écrit à Damilaville: « Mes frères, il est avéré... » A. Coquerel dit que lorsqu'il demande à Bernis ce qu'il faut penser, il le sait déjà. Non, à moins de changer la date de cette lettre (25 mars) ou celle des autres que je viens de citer.

Parlement, ancien correspondant de Bayle, ami du président Bouhier, écrit très sérieusement : Ne serait-il pas mieux de pendre tous les voleurs dès qu'ils sont suspectés (1) ?

En racontant l'exécution de Lally, Mme du Deffand constate que le raffinement de barbarie apporté à ce supplice fut généralement approuvé.

Le 13 décembre 1774, sous Louis XVI, deux criminels de vingt ans furent roués et brûlés à Paris. Il y en eut un qui resta sur la roue, les membres brisés, pendant douze heures ; une foule immense applaudissait, répondait par des hurlements de joie à ses cris d angoisse. Croit-on que les gens comme Marais, comme les spectateurs féroces qui se pressaient par milliers autour de la place de la Grève, fussent très disposés à s'indigner avec Voltaire de ce que le conseil souverain d'Artois eût condamné Montbailli et sa femme sans les confronter avec les témoins entendus et sans interroger les témoins qu'il eût fallu entendre (2) ?

On était, s'il se peut, encore moins soucieux d'équité, moins enclin à la pitié dans les cas où les passions religieuses étaient en jeu, comme dans l'affaire des Calas, dans celle des Sirven, dans celle

(1) Marais, *Journal*, II, 376.
(2) XLVII, 506.

de La Barre et d'Etallonde. Malgré les arguments présentés depuis le xvi° siècle et même auparavant (1), malgré Bayle, les malheureux persécutés n'inspiraient aucune espèce de sympathie. Les détracteurs de Voltaire ont-ils mesuré ce que l'intolérance gardait encore de force en France, je ne dis pas à l'époque où ces causes furent plaidées, mais un quart de siècle plus tard, à la veille de la Révolution ? Sait-on qu'au printemps de 1789, à la porte de Paris, dans plusieurs paroisses, les cahiers de doléances invoquèrent les lois féroces du Moyen-Age contre les blasphémateurs, demandèrent qu'elles fussent appliquées ? Sait-on que l'édit qui venait d'accorder un état civil aux protestants, mais qui les maintenait dans une condition rigoureuse, dans une sorte d'oppression, cet édit si peu libéral fut repoussé non seulement par la très grande majorité du clergé, mais aussi par une partie du Tiers-Etat, et que là où le Tiers l'admit, ce fut presque toujours à la condition que la religion catholique, apostolique et romaine resterait religion nationale, aurait seule un culte et un enseignement publics (2) ?

(1) Dès que le Moyen-Age décline, au xiv° siècle, les protestations commencent : « Nul mécréant ne doit être contraint par guerre ni autrement pour venir à la foi catholique. » *Songe du Vergier*.

(2) D'Argenson, si libre d'esprit à beaucoup d'égards, dit dans

C'était vraiment une entreprise téméraire que celle
d'attaquer la sentence du Parlement de Toulouse
contre les Calas. Tout le monde désapprouva Voltaire (1). Il dut en quelque sorte s'excuser. Il savait
à quels obstacles il allait se heurter, combien peu de
sympathie il rencontrerait chez un peuple si longtemps dupe des miracles de l'abbé Pâris et habitué
à juger des choses sérieuses comme d'un opéra
comique, sur les discours d'un perruquier ou d'un
tailleur répétés par des femmes de chambre. « J'ai
bien peur, disait-il, qu'à Paris on songe peu à cette
horrible affaire. On aurait beau rouer cent innocents,
on ne parlera que d'une pièce nouvelle et on ne son-

son plan de réformes : « Nous persistons dans la juste résolution
de n'accorder aucun office de judicature qu'à ceux qui font profession de la religion catholique... Nous confirmons les édits sur
cet objet, nous en étendons même les dispositions sur toutes
les places de quelque importance que nous nous proposons
d'établir et auxquelles nous voulons confier le soin de la police
et des finances. » Beuchot, XVIII, 384, et XLII, 447, a noté les
ménagements avec lesquels Voltaire était encore réduit à recom-
mander la tolérance en 1756 et à condamner l'emploi de la question en 1766.

(1) Il paraît que le président de Brosses blâmait fortement
Voltaire. Richelieu conseillait d'abandonner l'affaire ; Voltaire
eut grand'peine à le faire revenir de sa prévention. Les *Mémoires secrets* constatent qu'on savait généralement mauvais
gré à Voltaire de son intervention et l'excusent en disant que
son zèle était peu raisonné. — Ces mêmes *Mémoires* disent, à
propos de l'affaire Montbailli, que Voltaire déchire les magistrats avec un acharnement inhumain.

gera qu'à un bon souper (1). » Les Parlements étaient populaires à cause de leur résistance à certains actes arbitraires du gouvernement, notamment en matière d'impôts. On était en pleine guerre de Sept Ans et nos désastres achevaient de rendre ingrate la tâche de Voltaire. Il voyait bien que l'affaire risquait fort de traîner et de s'évanouir, si de très puissants ressorts n'étaient mis en action (2) ; le succès lui semblait fort problématique.

Il travailla trois ans à faire réhabiliter les Calas ; la réhabilitation des Sirven en demanda neuf. Si l'on savait combien il a fallu de soin et de peines pour

(1) Je n'ai pas trouvé mention des Calas dans le Journal de Barbier, qui va pourtant jusqu'à la fin de l'année 1763.

(2) *Lettres sur la tolérance* publiées par Coquerel, p. 78. Voir aussi p. 88 : « Je ne crois pas qu'on réussisse de longtemps par les voies ordinaires ». — On profite de quelques lignes sur le pasteur Rochette que j'ai citées au chapitre v, pour faire croire que Voltaire ne pensait pas à la tolérance avant le jour où les Calas lui fournirent une belle occasion de faire du bruit. On oublie que la 3ᵉ partie du *poème sur la loi naturelle*, composé en 1752, imprimé en 1756, est consacrée à montrer combien l'homme devient odieux quand, pour l'honneur de la foi, il crie à son voisin : Meurs, impie, ou pense comme moi. On oublie des lettres comme celle où Voltaire parle à d'Alembert, le 6 décembre 1757, d'arracher les pères de famille à la tyrannie des imposteurs et inspirer l'esprit de tolérance. On oublie le *Sermon du rabbin Akib* écrit précisément à l'époque où Rochette était poursuivi : « O tigres dévots, panthères fanatiques !... Dieu père commun, Dieu de miséricorde, fais qu'il n'y ait plus de fanatiques ni de persécuteurs ». Ignore-t-on que le *Dictionnaire philosophique* était commencé dix ans avant l'affaire Calas ?

arracher quelques preuves juridiques en leur faveur, « on en serait effrayé (1) ».

L'arrêt contre Lally ne fut cassé qu'en 1778, quelques jours avant la mort de Voltaire. La Barre et d'Etallonde ne furent réhabilités qu'en brumaire an II, près de trente ans après les premiers écrits dans lesquels Voltaire avait dénoncé la sentence d'Abbeville.

« L'humanité attend un vengeur, disait Grimm, lors de leur condamnation. Ce serait une tâche digne de Voltaire... Ses amis ont dû le conjurer de préférer sa sûreté et son repos à l'intérêt de l'humanité et de ne point risquer d'imprimer la marque de l'opprobre à des hommes sanguinaires résolus de le poursuivre lui-même au moindre mouvement de sa part. »

On ne devrait pas parler légèrement d'une œuvre qui fut si difficile, si périlleuse. Tout émerveillé de ces belles luttes, Diderot s'écriait : « Il faut que cet homme ait de l'âme, de la sensibilité... Eh ! que lui sont les Calas ? Qui est-ce qui peut l'interesser pour eux ? Quelle raison a-t-il de suspendre des travaux

(1) XLII, 389. Le fait suivant fera sentir combien cette cause était délicate à soutenir : Voltaire disait que la moindre démarche intempestive compromettrait tout. Il vit le danger d'une publication que préparait Court de Gébelin et réussit à la retarder. Mais il fit lui-même une imprudence : le pasteur Coquerel estime que son *Avis au public* fut peut-être prématuré et trop violent.

qu'il aime pour s'occuper de leur défense ? Quand il
y aurait un Christ, je vous jure que Voltaire serait
sauvé. »

La réforme de la sentence prononcée par le Parlement de Toulouse fut une révolution (1). Dire que
l'on en a trop fait de bruit, c'est commettre une erreur
pareille à celle des écrivains qui contestent l'importance de la prise de la Bastille. Encore y a-t-il entre
ces deux victoires la différence que la seconde ne
fut pas très difficile, tandis que la première exigea
des prodiges que Voltaire seul pouvait opérer.

Entrevoyait-il la gloire qu'elle lui procurerait par
la suite ? Un de ses correspondants prédisait que
l'infortune des Calas immortalisée par lui, si elle ne
touchait pas les contemporains, serait du moins
plainte par la postérité. Il ne fut sans doute pas
insensible à cette considération. Le plus modeste et
le plus désintéressé des chevaliers errants, à sa première sortie en quête d'aventures, promettait à
Rossinante que leurs communs exploits peints sur
bois, gravés dans le bronze, sculptés en marbre,
vivraient éternellement dans la mémoire des âges
futurs. Mais ce n'est pas l'espoir d'être applaudi un

____

(1) Le mot fut dit au XVIIIe siècle. Voir A. Coquerel, p. 160
de l'ouvrage cité ci-dessus.

jour qui dicta à Voltaire l'*Essai sur la tolérance* : une éloquence pareille ne peut venir que du fond du cœur.

CHAPITRE XVIII.

LES JUIFS.

Voltaire s'occupe singulièrement des Juifs (1). Il
ne veut pas qu'on les persécute, il pleure quand on
lui dit qu'à Lisbonne une mère et une fille ont été
brûlées pour avoir mangé debout un peu d'agneau
cuit avec des laitues, un jour de la lune rousse. Il ne
comprend pas qu'après *Candide* on ose encore commettre de ces abominables autodafés ; il félicite la
Hollande de laisser les Israélites jouir des droits de
l'humanité dont on ne doit dépouiller personne (2).
Mais le ton qu'il prend souvent avec eux permet de
demander s'il ne partageait pas la prévention dont
ils ont été les victimes. Certaines pages affligent.
Il est pénible de trouver ce libre esprit asservi à
une telle routine, d'entendre le défenseur des oppri-

(1) Leur article est un des plus longs de la Table des matières
dressée par Miger pour l'édition Beuchot.
(2) xxx, 470 ; lx, 26 ; xvii, 53.

més se faire l'écho des injures lancées à ceux que la durée de leur malheur et la constance avec laquelle ils l'ont subi rendent les plus dignes de compassion et de respect. Toutefois le gros volume que l'on peut composer avec les passages où il parle d'eux se réduirait à peu de chose, si l'on ne retenait que les endroits réellement hostiles à Israël.

Il y a des jours où Voltaire commente la Bible sans aucune malveillance, sans ombre d'animosité, en simple curieux, parce qu'elle le plonge dans l'ébahissement, parce que cette civilisation si différente de la nôtre, ces mœurs, ces usages si singuliers captivent son attention et sont jugés par lui très dignes d'un étude impartiale. *Le Pentateuque* et *l'Arioste* sont la joie de sa vie. A l'occasion, il admire sans réserve : l'épisode de Joseph lui semble un des plus beaux de l'antiquité (1).

Les meilleurs amis des Juifs sont obligés de s'associer à quelques-unes de ses critiques. La Bible a des légendes risibles, elle en a d'affreuses : tour à tour elle fait lever les épaules et elle irrite. M. Renan reconnaît que les plaisanteries de Voltaire sur le

____

(1) LVIII, 547 ; LIX, 250 ; XXX, 440. Le bel éloge du livre de Ruth, XLIX, 237, paraît bien appartenir à Voltaire, quoiqu'il fasse partie d'un ouvrage qui lui est attribué à tort.

tabernacle sont pleinement justifiées (1) ; il en est
d'autres qu'il ne mentionne pas, mais qu'il répète à
sa façon. Le livre de Jonas est une « drôlerie bur-
lesque, une charge ridicule » ; le dialogue entre Jonas
et Iahvé est « un des plus plaisants qui se puissent
imaginer... Cela rappelle la *Belle Hélène* ». Avec
autant d'indignation que Voltaire, M. Renan montre
l'extrême férocité du *Deutéronome*, les fruits portés
au Moyen-Age par les textes malsains qui y abondent ; il a horreur de l'épouvantable cri de joie qu'arrache aux prophètes l'extermination de peuples
paisibles, de leur affreuse sympathie pour le Tamer-
lan qui met tout à feu et à sang ; il signale dans le
livre de Jérémie l'origine des « hideux prosterne-
ments devant le massacre accompli qui ont si souvent souillé le langage catholique ».

Le plus souvent, en faisant le procès aux Juifs, ce
n'est pas leur condamnation que Voltaire veut obtenir. Les traits lancés vers eux les touchent au passage ou glissent au-dessus de leur tête, mais ne sont
destinés qu'à l'Infâme. Les Juifs cherchaient pour
quel motif il leur faisait la guerre. Il n'est pas difficile de s'en douter, répondit l'abbé Guénée, et il

(1) *Histoire du peuple d'Israël*, iii, 417 ; comparez ce que Voltaire dit des impostures sacerdotales avec les « fraudes pieuses »
dont M. Renan parle dans les pages 209, 236-7, 239.

expliqua comme quoi bien des réflexions désobli-
geantes pour eux n'avaient d'autre but que de dé-
considérer les ancêtres du Christ : elles ne servaient
à rien sinon à cela, et les chrétiens en devaient sentir
la portée beaucoup mieux que les Juifs. Voltaire
aurait en effet moins décrié l'*Ancien Testament* s'il
n'avait été excité par la passion d'enlever au *Nouveau*
ses origines merveilleuses ; il aurait moins parlé du
temps employé pour fondre le veau d'or, des milliers
d'hommes égorgés pour avoir adoré ce veau, des
troupeaux d'ânesses enlevés aux Madianites, des
crimes de David, de certain déjeuner de prophète
et de récits encore plus inqualifiables, s'il les avait
rencontrés dans un livre indien ou chinois, au lieu
de les prendre dans les légendes invoquées par
Pascal à l'appui de la révélation évangélique (1). La
Bible pèse encore sur nous, bien que nous nous en
apercevions guère ; au xviiie siècle, elle exerçait une
véritable tyrannie. Rollin, par déférence pour elle,
maintenait l'emploi des verges et du fouet qu'il
regardait comme châtiments indécents, bas et ser-
viles. Elle servait à accuser d'impiété les imprudents
qui appelaient le Jourdain une petite rivière et la

(1) Faire « entrevoir que les Juifs ont pris chez les autres
peuples toutes leurs fables et toutes leurs coutumes », c'est
donner à la superstition un coup de poignard qui, « enfoncé
avec respect, peut tuer le monstre ». LXII, 279.

Palestine une contrée stérile (1). Pour établir que
ce livre n'est pas plus sacré, ne doit pas avoir plus
d'autorité que les poèmes homériques, pour le ra-
mener aux proportions d'une œuvre purement
humaine, Voltaire recueillit tout ce qui s'y trouve
d'absurde, d'immonde et de féroce, au risque de
manquer parfois d'équité et de prendre au pied de
la lettre ce qui n'est qu'une image.

« Je n'ai jamais haï votre nation », dit-il aux
Juifs (2). Comme il ajoute : « Je ne hais personne,
pas même Fréron », il y a lieu de douter si en cet
endroit il est sérieux. Sa lettre à Pinto dissipe toute
défiance. Ce Juif portugais s'était plaint d'un article
malveillant pour ses coreligionnaires. Voltaire avoua
avec une courtoisie et une bonne grâce qui furent
très remarquées (3) qu'il avait été violent et injuste,
qu'il n'aurait pas dû attribuer à toute une race les

(1) Ce qui est peut-être plus curieux que cette accusation,
c'est l'argument par lequel d'Alembert essaie de disculper Voltaire : « Les critiques accumulent les passages de l'Écriture
pour prouver que du temps de Josué la Palestine était très
fertile ; mais que font tous ces passages à l'état du pays du
temps de Saladin ? Pourquoi Dieu n'aurait-il pas vengé le déi-
cide qui a été commis en cette terre en frappant de stérilité
des contrées auparavant riches et abondantes? » Notez que
ceci est dit dans un écrit grave, *De l'abus de la critique.*

(2) xxx, 470.

(3) « On ne saurait trop consigner à la postérité un aussi
mémorable exemple d'équité et de modération. » *Mémoires secrets,* 25 octobre 1762.

vices de plusieurs particuliers, et promit de réparer son tort en effaçant dans les éditions suivantes les lignes qui avaient amené la réclamation de Pinto (1).

S'il faut en croire Beuchot, il oublia sa promesse (2). Il a du moins reconnu en partie les rares et belles qualités des Israélites. Il a dit leur vie sobre et réglée, le respect qu'ils ont pour le mariage, leur application au travail, la fidélité courageuse qu'ils gardent à leur religion. Il explique leurs défauts par la condition misérable à laquelle ils étaient réduits; il montre comment l'interdiction de posséder aucun bien-fonds, d'exercer la plupart des métiers, d'avoir aucun emploi, leur a laissé pour unique ressource le commerce qui les a enrichis d'autant plus nécessairement qu'il était méprisé presque partout en Europe, ce qui les a fait traiter d'usuriers par ceux-là mêmes qui les ont tant de fois dépouillés, qui les ont tantôt chassés par avarice, tantôt rappelés par avarice, et qui leur font encore payer dans plus d'une ville jusqu'à la faculté de respirer l'air (3).

Il aurait fallu quelque chose de plus. Dans le *Sermon du rabbin Akib*, à propos des trente et un Juifs

(1) LX, 335.
(2) Wagnière dit le contraire, I, 207.
(3) XXX, 466-93.

brûlés à Lisbonne, il avait commencé à justifier
leur race de la mort de Jésus-Christ (1) ; ainsi que le
lui disait Pinto, il lui appartenait d'achever de
déraciner le préjugé absurde qui entretient contre
eux la haine des chrétiens. Nous regrettons qu'il ne
l'ait pas fait, qu'il ne les ait pas pleinement réhabilités. Nous voudrions ici de lui un plus énergique
appel à l'humanité et à la fraternité. Nous aimerions
que, damnés à cause de Jésus-Christ, les Juifs eussent Voltaire pour rédempteur. Prenons garde d'être
trop exigeants, ingrats. Il a bien mérité d'eux.
Comme Moïse, il ne les a pas introduits dans la terre
où les attendait un sort meilleur, il leur en a du
moins préparé les voies. Sans lui nous ne jouirions
pas plus de leur affranchissement que de beaucoup
d'autres libertés. Si nous ne partageons pas de
mauvais sentiments dont il n'était peut-être pas
tout à fait exempt lui-même, si nous avons pleine
liberté de les combattre, si nous entrevoyons le jour
où ils s'éteindront enfin, c'est en grande partie à lui
que nous en sommes redevables. Il n'a pas toujours
ouvert assez largement le sentier où nous marchons,
il n'est pas allé assez loin, mais il nous a frayé le
passage et permis d'arriver là où nous sommes.

(1) Ce pamphlet fut sévèrement recherché par la police.

CHAPITRE XIX.

On a dit que Voltaire méprisait les anciens faute de bien les connaître et de savoir le grec.

Il n'est pas nécessaire d'être très habile helléniste pour adorer Homère. Lu de bonne heure, fût-ce dans une traduction médiocre, il s'empare à jamais de notre imagination, laisse en nous des traces ineffaçables. On peut être incapable de l'expliquer couramment et cependant avoir pour lui un culte dont l'influence bienfaisante s'étend sur la vie entière.

Voltaire qui, d'ailleurs, était moins ignorant de l'antiquité qu'on ne le prétend (1), était surtout très loin de la dédaigner.

Au commencement du XVIIIe siècle, la querelle des anciens et des modernes entraînait d'excellents

(1) J'ai cité au chapitre VII ce que dit à cet égard J.-V. Leclerc.

esprits à de grandes extravagances. Boileau en radotait. Si le mot semble trop fort, on n'a qu'à parcourir ses *Réflexions critiques*, sa dissertation sur la grosseur de l'enclume qui servit à dorer les cornes du taureau sacrifié en l'honneur de Télémaque, ou celle sur l'âge auquel mourut le chien d'Ulysse. En lisant dans Perrault qu'Homère n'était pas bon naturaliste ni bon astronome, il perdait la tête, devenait grossier, et de colère jetait le livre.

L'admiration pour l'antiquité païenne, de même que celle pour la Bible, avait dégénéré en superstition aveugle, en sottise. Voltaire ne supportait pas les gens qui, comme le vieux Nestor, n'ont d'éloges que pour le passé et s'écrient à tout propos : on ne verra plus d'hommes pareils à ceux d'autrefois ! Il enrageait quand de petits compilateurs, assez imbéciles pour croire partager la gloire des anciens parce qu'ils s'en faisaient la trompette, osaient se dire ennemis de leur siècle, entassaient des passages de Plutarque et d'Athénée pour tâcher de prouver que nous n'avons nulle obligation aux Newton et aux Halley, tordaient une phrase d'Hippocrate pour faire accroire que les Grecs connaissaient la circulation du sang mieux qu'Harvey (1).

(1) xxxii, 294.

Dans ces moments de mauvaise humeur, il ne parut pas toujours assez respectueux des chefs-d'œuvre dont on écrasait les modernes, et en particulier de l'*Iliade* et de l'*Odyssée*. Au fond, ses attaques contre Homère ou contre Euripide étaient autant de répliques aux absurdités de Dacier, de Boileau ou du père Brumoy. Il ne voulait pas que l'on fît cette injustice à la nature humaine de fermer les yeux sur les beautés qu'elle répand autour de nous, pour ne regarder et n'aimer que ses anciennes productions. Mais les souvenirs de l'antiquité classique avaient pour lui un charme tout-puissant. Il trouvait que les vieux noms de cette époque faisaient un effet merveilleux (1). Il souhaitait que la langue grecque devînt la langue commune de tous les peuples civilisés (2). Homère et Virgile étaient ses dieux domestiques, sans lesquels il ne pouvait vivre : s'il s'en trouvait momentanément séparé, il se les faisait envoyer bien vite. Il découvrait chez les anciens la source de toute beauté (3). Cicéron et Virgile sont, avec Racine, les auteurs pour lesquels il a la déférence la plus profonde et la plus constante (4). Il admet que la nature

(1) LXI, 165 ; LXVI, 437.

(2) LXVI, 414. Voir les textes réunis par M. G. d'Eichtal dans le *Temps* du 20 mars 1869.

(3) VI, 158.

(4) Pour Cicéron, j'en ai donné une preuve bien remarqua-

forme encore comme autrefois des âmes sublimes ; mais ce sont de beaux germes qui ne viennent point à maturité dans un mauvais terrain. Il siffle les scolastiques barbares, mais il respecte les anciens qui nous ont appris à penser ; si nous avons d'autres lois de physique que les leurs, nous n'avons point d'autre règle d'éloquence. « Il se pourrait que la nature eût donné aux Athéniens un terrain et un ciel plus propres que la Westphalie à former certains génies. Il se pourrait bien encore que le gouvernement d'Athènes, en secondant le climat, eût mis dans la tête de Démosthène quelque chose que l'air de Clamart et de la Grenouillère et le gouvernement du cardinal de Richelieu ne mirent point dans la tête d'Omer Talon et de Jérôme Bignon (1). »

Il a senti la majesté, la sainteté d'Athènes, cette « petite ville qui aura toujours plus de réputation

ble au chapitre vi. Quant à Virgile, il dit, lvi, 457 : Savez-vous le latin, madame? Non ; voilà pourquoi vous me demandez si j'aime mieux Pope. Ah ! madame, toutes nos langues modernes sont sèches, pauvres et sans harmonie, en comparaison de celles qu'ont parlées nos premiers maîtres, les Grecs et les Romains... Ne mettons rien à côté de Virgile ».

(1) xlii, 295, 299 ; xxvi, 347. Entre autres avantages qu'avaient sur nous les anciens, « nos maîtres en tout », Voltaire compte celui de n'avoir pas « la vie et la mort troublées par des cérémonies qui les rendent funestes. On pensait, on mourait comme on voulait ». Lettre à Mme du Deffand à propos de la mort de d'Argenson.

que ses oppresseurs, eussent-ils l'empire de la terre ».
J'aime ce qu'il dit de ses monuments, de la petite
mosquée bâtie sur le tombeau de Thémistocle,
comme une chapelle de Récollets est à Rome sur
les débris du Capitole ; j'aime « la vénération et les
regrets » que « ces beaux restes » lui inspirent, la
façon dont il parle du lieu où était l'académie et qui
est couvert de huttes de jardiniers ; j'aime l'accent
avec lequel il parle de « la lutte de ce petit peuple
généreux, libre, contre toute l'Asie esclave, spectacle admirable, peut-être ce qu'il y a de plus glorieux
chez les hommes » (1).

Il ne peut se résigner à voir le pays de Sophocle
et de Phidias gouverné par des maîtres qui ne savent ni lire, ni écrire, ni danser, ni chanter. Quel
plaisir il aurait si la belle Grèce était enfin délivrée
d'eux ! Il irait mourir à Corinthe, quoiqu'il ne soit
pas permis à tout le monde d'y aller.

Il a commencé à bénir Catherine parce qu'elle
civilise la Russie, parce qu'elle donne un grand exemple de tolérance religieuse ; mais un jour vient où il
l'entretient bien moins de la liberté de conscience
et des progrès de ses sujets que de la guerre contre
Mustapha. Par enthousiasme pour l'antiquité, le

(1) XVI, 502 ; XLIV, 402.

panégyriste des pacifiques quakers devient le plus
belliqueux des hommes : dès qu'il s'agit d'affranchir
la Grèce, il est pris de la fièvre des combats. Arracher aux Turcs ce sol sacré, ces ruines augustes,
ces lieux où pour la première fois l'homme a pensé
librement et oser lever un fier regard vers les cieux
peuplés de fantôme menaçants ; cette idée le transporte, l'exalte, fait de lui un nouveau Pierre l'Ermite.
Il chante la guerre sainte :

> Voici le vrai temps des croisades !
> Français, Bretons, Italiens...
> Ecoutez Pallas qui vous crie :
> Vengez-moi, vengez ma patrie.

Il implore l'impératrice :

> Qu'Athènes ressuscite à ta puissante voix.

Il s'écrie le 20 juillet 1770 : Si vous faites la paix,
que deviendront mes pauvres Grecs (1) ?

Ces paroles sont dignes de mémoire. Que les bio-
graphes discutent point par point les fautes qu'il a
pu commettre au cours de ses démêlés avec des
misérables tels que l'abbé Desfontaines ; qu'ils comp-

----

(1) Et à Frédéric le 20 août, à propos d'une victoire des
Turcs : « C'est un coup très funeste pour moi. Vous savez quelle
fête je me faisais de voir les petits-fils des Sophocle et des De-
mosthène délivrés »; Il dit encore que cette funeste nouvelle
lui gâte le plaisir que vient de lui faire Frédéric en souscrivant
pour sa statue.

tent ses tasses de chocolat et de café : c'est leur droit et, si l'on veut, leur devoir. Mais je tiens bien davantage à connaître quelle place la cité de Pallas avait dans ses rêves.

CHAPITRE XX.

LE DIFFÉREND AVEC ROUSSEAU.

« Rien ne rend les hommes plus sociables, rien n'adoucit plus leurs mœurs, ne perfectionne plus leur raison que de les rassembler pour leur faire goûter ensemble les plus purs plaisirs de l'esprit. » Le grand art de les divertir avait pour Voltaire ce double mérite qu'il y excellait et qu'il le trouvait utile à la société. Pour croire les Français tout à fait revenus de l'ancienne barbarie, il attendait que l'archevêque de Paris, le chancelier et le premier président eussent chacun leur loge à l'Opéra et à la Comédie.

Une attaque éloquente contre les spectacles ne pouvait le laisser indifférent. Mais en 1758 on était fou de la comédie dans le pays de Calvin. Elle était devenue le « troisième sacrement de Genève ». Lekain venait de jouer sur le théâtre des Délices et avait fait pleurer presque tout le Conseil de la ville. Vol-

taire achetait Ferney, où il avait moins encore à
craindre qu'on l'empêchât de représenter ses tragédies. Il ne commença à s'inquiéter des cabales et de
la « faction horrible » suscitée contre les spectacles
que deux ou trois ans plus tard. La lettre de Rousseau ne lui parut d'abord sérieusement répréhensible et dangereuse qu'à cause de l'article qui concerne la religion.

D'Alembert avait inquiété les pasteurs de Genève
en parlant dans l'*Encyclopédie* de leurs opinions sur
divers articles de foi. « Ils remuent, ils aboient, ils
voudraient engager les magistrats à solliciter de la
Cour un désaveu de votre part, lui écrivait Voltaire ;
ces prêtres hérétiques conspirent contre nous ; on se
vante à Genève que vous êtes obligé de quitter
l'*Encyclopédie*... Si vous avez quelque dégoût, je
vous conjure de le vaincre... Que vous renonciez à
ce grand ouvrage, que vous fournissiez ce malheureux triomphe à vos indignes ennemis, c'est ce que
je ne souffrirai jamais. » Ses instances avaient été
inutiles. « Ces messieurs, lui répondit d'Alembert,
le 11 janvier 1757, vont envoyer une députation à la
Cour de France pour m'obliger à me rétracter. Cet
article Genève a pensé être dénoncé au Parlement...
J'ignore si l'*Encyclopédie* sera continuée ; ce qui est
certain, c'est que ce ne sera pas par moi. Je suis

excédé des avanies et des vexations de toute espèce
que cet ouvrage m'attire. » Ce fut quelques semaines
plus tard que Rousseau écrivit sa lettre, en février (1).
Il prétend qu'il avait à se plaindre des procédés de
la société de Mme d'Epinay ; que cette assertion fût
fondée ou non, il n'avait qu'à se louer de d'Alembert (2) et ne l'attaquait (3) que sous prétexte qu'il
était obligé de combattre ses plans. La lettre est
connue sous le nom de *Lettre sur les spectacles*, mais
le titre même indique que si elle porte particulièrement sur le projet d'établir un théâtre à Genève, il y
est aussi question d'autre chose : elle commence par
une protestation contre les remarques que d'Alembert
avait faites au sujet des croyances des pasteurs,
c'est-à-dire qu'elle renouvelait la querelle relative
à l'article Genève. D'Alembert vit là une capucinade
dirigée contre lui (4), et Voltaire regarda dès lors

(1) *Confessions*, 2ᵉ partie, livre x. La préface de la lettre est
datée du 20 mars.

(2) Il l'avoue au début de sa préface.

(3) Le mot est de lui.

(4) Notez que Rousseau lui-même finit par donner tort aux
pasteurs. Dans la 2ᵉ *lettre de la Montagne*, il dit que leur intérêt temporel seul les a armés contre d'Alembert ; que leurs
consultations, délibérations, conférences, ont abouti à un
amphigouri où l'on ne dit ni oui ni non, et auquel il est aussi
peu possible de rien comprendre qu'aux deux plaidoyers de
Rabelais. « Il y aurait eu peut-être quelque embarras à s'expliquer plus clairement sans être obligé de se rétracter sur
certaines choses... On ne sait ni ce qu'ils croient ni ce qu'ils

Rousseau comme un faux frère. Mais les hostilités n'éclatèrent pas encore, et c'est dans d'autres actes de Rousseau qu'elles eurent leur origine (1).

Le 29 janvier 1760, il écrivit à Moultou : « Vous me parlez de Voltaire ; pourquoi le nom de ce baladin souille-t-il vos lettres ? Le malheureux a perdu ma patrie. Je le haïrais davantage si je le méprisais moins. Je ne vois dans ses grands talents qu'un opprobre de plus. Ses talents ne lui servent, ainsi que ses richesses, qu'à nourrir la dépravation de son cœur. O Génevois ! il vous paie bien mal de l'asile que vous lui avez donné. Il ne savait plus où aller faire du mal, vous serez ses dernières victimes. » Le 17 juin, il disait à Voltaire lui-même : « Je ne vous aime point, vous m'avez fait les maux qui pouvaient m'être les plus sensibles, vous avez perdu Genève pour prix de l'asile que vous y avez reçu ; vous avez aliéné de moi mes concitoyens... C'est vous qui me ferez mourir en terre étrangère, privé de toutes les consolations des mourants, et jeté pour tout honneur dans une voirie... Je vous hais. » Quel langage ! Et pourquoi ? Parce que Voltaire avait favorisé le goût

ne croient pas, on ne sait pas même ce qu'ils font semblant de croire. »

(1) Voltaire offrit un peu plus tard un asile à Rousseau. Voir Wagnière, I, 67.

pour les spectacles, qui était éveillé à Genève bien
avant qu'il n'y arrivât (1)? On chercherait quelque
autre chose si on ne connaissait pas Rousseau : on
n'a qu'à lire ce qu'il écrivait l'année suivante à
Malesherbes sur sa propre conduite et ses lettres
qui n'étaient, depuis six semaines, qu'un « tissu d'ini-
quités, de folies, d'impertinences », sur son délire
dont il frémissait et qui le rendait « méprisable »,
sur la « juste indignation » qu'il méritait ; son état
mental n'explique que trop ses discours.

La rupture était complète. Voltaire ne paraît pas
avoir fait grande attention aux divagations de
Rousseau ; seulement, le jour où son théâtre fut
menacé par les Génevois, il s'en prit à celui qui
l'avait accusé de corrompre la ville, et il l'attaqua à
son tour avec violence. Il s'emporta plus encore et
ne mit aucune borne à ses représailles, après les
Lettres sur la montagne où il était, ainsi que nous

(1) Dix ans avant, le Consistoire avait fort à faire pour résister à ce goût. M. Sayous, I, 253, cite les faits à l'appui,
d'après les registres du Consistoire. Il ajoute, p. 267, qu'en
mettant sur le compte de Voltaire la décadence des mœurs à
Genève, Rousseau oubliait que l'origine du mal était plus ancienne. — Dans sa lettre à Moultou du 29 janvier 1760, Rousseau
avoue que dans sa *Lettre sur les spectacles*, il s'était trompé
en ce qu'il avait dit des mœurs de ses compatriotes, qu'elles
étaient dès lors plus « avancées » qu'il ne croyait, qu'il n'y
avait pas de remède, qu'il fallait des palliatifs et que la comédie en était un.

l'avons vu, nommé l'auteur du *Sermon des cinquante*, et après les reproches injustes que lui fit Rousseau d'avoir contribué à la condamnation de l'*Emile* (1).

Nous n'entrerons pas dans le détail de cette lamentable polémique, où il n'y a que des personnalités, des injures (2). Les idées n'y sont pour rien.

(1) Les approbateurs du Sénat, tels que Bonnet, n'étaient pas des complaisants de Ferney, et Voltaire trouvait mauvaise la condamnation de Rousseau, dit M. Sayous, qui en général est plus favorable à Rousseau qu'à Voltaire, I, 293.

(2) Voici quelques remarques à l'usage des personnes que cette querelle interesse : 1° En 1758, l'année de la *Lettre sur les spectacles*, Voltaire est déjà entré en pleine gloire ; les grandes œuvres de Rousseau ne verront le jour que dans les années suivantes, quand Voltaire aura soixante-cinq ans et plus. Rousseau sait qui est Voltaire ; Voltaire ne sait pas et ne saura jamais que Rousseau est un génie de premier ordre, un de ses pairs. Quand la querelle éclate, il ne voit en lui qu'un éloquent souteneur de paradoxes. 2° Un des épisodes les plus fâcheux de la querelle fut la divulgation du *Poème sur la guerre de Genève*. Or cette plaisanterie ne devait jamais paraître, LXV, 6. Une partie du manuscrit fut volée, probablement par La Harpe, et publiée à l'insu de Voltaire qui en fut non seulement contrarié, mais inquiet. 3° La *lettre au Docteur Pansophe* est-elle de Voltaire ? M. Bengesco le croit ; mais ce n'est pas certain. Un des arguments de M. Bengesco est que le principal intéressé, Rousseau, attribuait cet écrit à Voltaire. Rousseau n'avait-il pas attribué à Vernes le *sentiment des citoyens*? Il y avait reconnu le style de Vernes. Son opinion est ici sans valeur. 4° Il est encore plus douteux que la pièce qui est pages 519-534 du tome XLII, de Beuchot, appartienne à Voltaire. 5° Dans sa lettre à Mᵐᵉ de Boufflers du 30 octobre 1762, Rousseau invente un dialogue où Voltaire l'accuse d'athéisme : je ne vois rien chez Voltaire qui excuse cette invention. 6° Il faut tenir, plus qu'on ne fait, compte de l'opinion que Rousseau a donnée de lui à des gens de sang-froid. D'Alembert essaya quelque temps de modérer Voltaire ; il arriva ensuite à dire :

Le 10 septembre 1755, Rousseau, rendant à Voltaire l'hommage que l'on doit à son « chef », le remerciait de l'honneur qu'il venait de faire à Genève en s'y établissant. Il partageait la reconnaissance de ses concitoyens, et espérait qu'elle augmenterait encore lorsqu'ils auraient profité des instructions de leur nouvel hôte. « Embellissez l'asile que vous avez choisi, disait-il à Voltaire, éclairez un peuple digne de vos leçons, et vous qui savez si bien peindre les vertus et la liberté, apprenez-nous à les chérir dans nos murs comme dans vos écrits (1). »

Le 18 août 1756, après avoir lu le *Poème sur le désastre de Lisbonne*, il se croit en désaccord avec Voltaire en un point (2) ; mais il l'aime comme son « frère », l'honore comme son « maître », et finit par s'excuser de son zèle indiscret qui ne s'épancherait

« Pour le coup Jean-Jacques s'est fait voir ce qu'il est, un fou et un vilain fou, dangereux et méchant, haïssant ses bienfaiteurs, bête féroce qu'il ne faut voir qu'à travers des barreaux. »

(1) Rousseau avait apparemment oublié cette lettre lorsqu'il écrivit dans les *Confessions* que l'établissement de Voltaire près de Genève contribua beaucoup à le décider à se fixer à l'Ermitage, qu'il ne prit ce parti que parce que dès lors il jugea que Genève serait perdue par Voltaire. Son installation à l'Ermitage eut lieu le 9 avril 1756, il la préparait dès les premiers jours de l'année, peut-être dès la fin de 1755, c'est-à-dire quatre mois au plus après la lettre ci-dessus.

(2) Je crois avoir montré, au chapitre *Candide*, qu'il n'y avait qu'un malentendu.

pas ainsi avec quelqu'un qu'il estimerait moins (1).

Alors même qu'il lui écrit : je vous hais, il témoigne que sa haine serait moins vive s'il n'était son « disciple », son « enthousiaste ». En 1770, quand il entend parler de la statue de Voltaire, il s'écrie : cela honore la France, et envoie sa souscription à Tronchin.

De son côté, Voltaire écrit le 1ᵉʳ juillet 1764 : « Rousseau n'a été persécuté ici (à Genève) que pour des sentiments qui sont les miens, et je serais une âme bien noire et bien sotte de vouloir avilir une philosophie que j'aime et de faire punir un homme accusé précisément des choses qu'on m'impute. »

Il dit encore, et cela à propos du *Contrat social :* « Comme nous aurions aimé ce fou s'il n'avait été un faux frère » (2) !

Depuis le commencement du XIXᵉ siècle, Rousseau passe pour avoir été moins sceptique que Voltaire en matière religieuse. Au siècle dernier, on ne voyait pas entre eux cette différence. Nous avons entendu Condorcet enseigner que Rousseau avait devancé et inspiré Voltaire dans la guerre contre l'Infâme. Si

(1) Dans une lettre à Tronchin citée par M. Sayous, Rousseau parle de la réponse de Voltaire. Il en est « charmé ; Voltaire mérite le nom de philosophe ». Rousseau joint « l'estime et l'amitié pour sa personne » à l'admiration pour ses écrits.
(2) LX, 345.

Voltaire fut accusé d'athéisme, Rousseau le fut aussi :
Mme Roland s'est donné beaucoup de mal pour l'en
disculper et Mme de Staël parle d'un prédicateur qui
lui impute plus encore qu'à Voltaire l'irréligion du
siècle. Le fait est qu'il lui arrivait de douter beaucoup et de bien des choses. « Vos œuvres m'offrent
les idées les plus consolantes de la divinité, écrivait-
il à Voltaire, le 18 août 1756. Quant à moi, je vous
avouerai naïvement que ni le pour ni le contre
ne me paraissent démontrés sur ce point... Les
objections de part et d'autre sont insolubles. » Au
plus fort de son ressentiment contre Rousseau, Voltaire louait beaucoup la *Profession de foi du Vicaire
Savoyard* (1). Son exaspération ne l'empêchait pas de
marquer le grand cas qu'il en faisait. Il regrettait
qu'elle fût noyée dans un roman absurde et déparée
par quelques traits fâcheux, mais il constatait
qu'elle rendait de très précieux services, la recom-
mandait comme pleine de sagesse et d'éloquence, et
voulait la faire relier en maroquin. Il n'approuvait
pas moins plusieurs pages de la réponse à l'archevêque de Paris : « L'auteur est un Diogène,
mais s'exprime parfois en Platon ; s'il avait été

____

(1) M. Sayous, 1, 374, indique les écrits de Vernes et de
Roustan contre le « scepticisme du vicaire Savoyard.

plus sage, il eût fallu le faire entrer à l'Académie (1).

Il n'y avait pas en politique plus de désaccord entre eux qu'en religion.

On croit généralement que Voltaire était un partisan de la monarchie, ennemi des révolutions, dédaigneux du peuple, et Rousseau un apôtre de la république, un révolutionnaire, un démocrate (2).

Le principal argument à l'appui de cette thèse est un livre qui, si on l'entend bien, suffit à la réfuter d'une façon péremptoire, le *Contrat social* (3). Rousseau y dit qu'il faut à chaque peuple un système particulier d'institutions qui soit le meilleur, non en lui-même, mais pour l'Etat auquel il est destiné ; que les caractères doivent en être modifiés selon la situation locale et le caractère des habitants ; que les mêmes lois ne peuvent convenir à des na-

(1) LXI, 86, 10 ; LXIV, 206 ; LX, 386, 626 ; LXI, 22. Si la tête n'avait pas tourné à Jean-Jacques, «il aurait pu servir dans la guerre contre l'Infâme ». LVIII, 496.

(2) L'*Histoire de la Révolution* de L. Blanc repose sur cette antithèse. L. Blanc attribue à Voltaire et à Rousseau deux philosophies qui engendrent deux courants, deux partis opposés l'un à l'autre, deux révolutions non seulement très distinctes, mais irréconciliables, destinées à un conflit éternel.

(3) Le lecteur m'excusera de le renvoyer au 1ᵉʳ chapitre de l'*Esprit de la Révolution* et à un article de la *Revue bleue* du 23 février 1889. La communication faite le 4 avril 1781 à l'Académie des sciences morales et politiques par M. Bertrand sur le manuscrit de Genève me paraît confirmer pleinement ce que j'avais avancé.

tions qui ont des mœurs diverses et vivent sous des climats opposés. Différents gouvernements peuvent être bons au même peuple en différents temps ; on a beaucoup discuté sur la meilleure forme de gouvernement sans considérer que chacune d'elles est la meilleure en certains cas et la pire en d'autres (1).

La République n'a pas été prêchée par Rousseau : elle n'a pas été déconseillée par Voltaire. Dès l'époque où parut *Charles XII*, on s'aperçut qu'il n'était pas grand ami des rois et qu'il ne respectait pas les puissances, on l'appela antimonarque (2). Un souffle républicain anime plusieurs de ses tragédies (3) ; *Rome sauvée*, la *Mort de César* furent des pièces « de circonstance » en 1793.

« Lequel vaut le mieux, dit-il, que votre patrie soit un État monarchique ou un État républicain ? Demandez la solution aux riches, ils aiment mieux

(1) *Contrat social*, ii, 9 et 11 ; iii, 1 et 4. Et encore iii, 8 : « Toute forme de gouvernement n'est pas propre à tout pays. » — iii, 9 : « Quand on demande absolument quel est le meilleur gouvernement, on fait une question insoluble comme indéterminée. »

(2) Marais, iv, 327. Il dit encore au président Bouhier, p. 329 : « Je pense de son histoire tout comme vous, il a vraiment l'air mâle et original, et traite cavalièrement les souverains. »

(3) Ce souffle est si visible dans *Brutus* qu'on crut qu'il avait fait interdire la pièce. Elle enflammait les esprits à la fin de l'année 1790

l'aristocratie ; interrogez le peuple, il veut la démocratie ; il n'y a que les rois qui préfèrent la royauté.
Elle n'est bonne qu'à condition que le monarque
sera Marc-Aurèle. Il n'y a pas de gouvernement parfait, mais le plus tolérable de tous est sans doute le
républicain, parce que c'est celui qui rapproche le
plus les hommes de l'égalité naturelle... La guerre
offensive a fait les premiers rois ; la guerre défensive, la seule qui ne soit pas odieuse, a fait les premières républiques (1)... On ne doit trouver sur
la terre que très peu de républiques. Les hommes
sont rarement dignes de se gouverner eux-mêmes. Ce
bonheur ne doit appartenir qu'aux petits peuples qui
se cachent dans les îles ou entre les montagnes (2) ».

En proclamant que la forme du gouvernement

____

(1) xxxi, 377 ; lxx, 292 ; xl, 584 ; xlv, 52.
(2) Ceci dans le *Dictionnaire philosophique*, au mot *Etats*.
C'est ce que dit Rousseau dans le *Contrat social*. Pour montrer
que ce ne sont pas là des paroles isolées, que Voltaire a sur ce
point une opinion bien décidément contraire à celle qu'on lui
attribue, j'ajoute quelques citations. Il célèbre la Pensylvanie
« où on est libre, où on est citoyen, où on ne fait pas la
cour ». Il écrit à Cideville en 1731 que son esprit républicain
n'est pas amolli. Dans la *Princesse de Babylone*, Amazan n'est
pas roi : « Je ne sais même s'il voudrait s'abaisser à l'être, il
aime trop ses compatriotes. » Les éditeurs de Kehl signalent
comme partiales en faveur des républiques ces lignes : « Dans
les républiques et dans les Etats qui avec le nom de royauté
sont des républiques en effet, chaque particulier est taxé suivant ses forces et suivant les besoins de la société. Dans les
royaumes despotiques ou, pour parler plus poliment, dans les

doit varier avec les temps, les lieux et les peuples,
Rousseau a cependant une préférence marquée. Il
distingue trois sortes d'aristocratie : la naturelle,
l'élective, l'héréditaire. « La première ne convient
qu'à des peuples simples, la troisième est le pire
des gouvernements, la seconde est le meilleur : c'est
l'aristocratie proprement dite. » Quant à la démocratie pure, Rousseau l'a toujours blâmée « à Genève et partout ailleurs... Elle n'est qu'une noble
chimère » (1). Si l'on recueillait dans ses écrits les
passages sur les sottises de la foule, sur l'incapacité
du peuple, sur « la canaille », avec le soin que Louis
Blanc mit à faire les mêmes recherches chez Voltaire, on découvrirait des paroles bien peu démo-
cratiques (2).

états monarchiques, on taxe la nation sans la consulter. » xxx
335. — « Un peuple est subjugué par un voleur appelé con-
quérant ; ce voleur, qui méritait la roue, s'est fait dresser des
autels ; le peuple asservi a vu dans les enfants du voleur une
race de dieux...Ils ont regardé l'examen de leur autorité comme
un blasphème et le moindre effort vers la liberté comme un
sacrilège ». xL, 568. Voir xxxi, 460, la condamnation de la monarchie « où tous les hommes sont faits pour un seul ». Condorcet avait donc raison : on a accusé Voltaire de trop aimer
le gouvernement d'un seul ; cette accusation ne peut en imposer
qu'à ceux qui n'ont pas lu ses ouvrages.

(1) *Contrat social*, iii, 5 ; lettre à Saint-Germain, xxv, 168, de
l'édition Baudoin ; lettre à d'Ivernois du 31 janvier 1767. Voir
aussi *Lettres de la Montagne*, p. 378 ; *Jugement sur Polysynodie*,
vi, 499 ; lettre à Marcet, xxi, 371-2.

(2) Voir dans la *Lettre sur les spectacles* cette assertion qu'il
vaudrait mieux sur la scène attribuer les fourberies aux valets

Je ne m'amuserai pas à faire de Voltaire un démocrate ; ce ne serait pas difficile et peut-être en émettant ce paradoxe ne s'éloignerait-on pas autant de la vérité qu'en plaidant la thèse opposée.

« La Haye est un séjour délicieux l'été, et la liberté y rend les hivers moins rudes. J'aime à voir les maîtres de l'Etat simples citoyens... Je vois avec admiration un des principaux marcher à pied sans domestiques, habiter une maison faite pour ces consuls romains qui faisaient cuire leurs légumes, dépenser à peine 2,000 florins par an pour sa personne et en donner plus de 20,000 à des familles indigentes. » Qui parle ainsi ? Est-ce Rousseau ? C'est Voltaire, et les passages de ce genre abondent chez lui. « Il y a encore de vastes royaumes, où la plus grande partie des hommes est esclave. Un temps viendra dans ces pays où les cultivateurs de terres comprendront qu'il n'est pas tout à fait à leur avantage qu'un homme qui a un cheval ou plusieurs chevaux, c'est-à-dire un noble, ait le droit de tuer un paysan en mettant dix écus sur sa fosse...

qu'aux honnêtes gens. D'Alembert répliqua : « Vous avez su plaire à la multitude par le mépris même que vous témoignez pour elle. » Voir aussi les lignes sur la canaille de Paris au mariage de Louis XVI, et la façon dont, à la fin des *Lettres de la Montagne,* la partie saine de la bourgeoisie, qui ne se propose d'autre objet que le bien de tous, est opposée à la « populace **abrutie et stupide** ».

Un citoyen d'Amsterdam est un homme, un citoyen
à quelques degrés de longitude par delà est un
animal de service. Tous les hommes sont nés égaux,
mais un bourgeois de Maroc ne soupçonne pas que
cette vérité existe (1).

Dans l'article *Démocratie* du *Dictionnaire Philosophique*, à propos du sombre portrait tracé par
Bayle, on lit : « Il n'y a d'ordinaire nulle comparaison à faire entre les crimes des grands qui sont
toujours ambitieux, et les crimes du peuple qui ne
veut jamais et ne peut vouloir que la liberté et l'égalité. Ces deux sentiments, liberté et égalité, ne conduisent point droit à la calomnie, à la rapine, à
l'assassinat... La grandeur ambitieuse et la rage du
pouvoir absolu précipitent dans tous ces crimes en
tous temps et en tous lieux... Bayle a donc tort cette
fois. Le gouvernement populaire est par lui-même
moins inique, moins abominable. »

« Je m'accommoderais assez d'un gouvernement
démocratique. J'aime à voir des hommes libres
faire eux-mêmes les lois sous lesquelles ils vivent...
C'est un plaisir pour moi que mon maçon, mon charpentier, mon forgeron, qui m'ont aidé à bâtir mon
logement, mon voisin l'agriculteur et mon ami le

(1) LIV, 563 ; XXXIX, 426.

manufacturier s'élèvent tous au-dessus de leur métier et connaissent mieux l'intérêt public que le plus insolent chiaoux de Turquie... Être libre, n'avoir que des égaux est la vie naturelle de l'homme; toute autre est un indigne artifice, une nauvaise comédie (1). »

Le supplice de Montbailli est une aventure qui exciterait les cris de toute la France, si elle regardait quelque famille considérable par ses places ou par son opulence, et qui a failli passer inaperçue parce qu'elle ne concerne que des pauvres (2).

Les spectres à demi-nus qui écorchent, avec des bœufs aussi décharnés qu'eux, un sol encore plus amaigri, lui font pitié et lui expliquent pourquoi la

(1) XLV, 56. C'est B qui parle, et j'ai déjà dit que dans cet ouvrage B exprime plus particulièrement l'opinion de Voltaire. D'ailleurs A se laisse convertir, pages 61, 65.

(2) Même réflexion à propos du supplice de Claude Guillon, à qui on coupa la tête parce qu'il avait mangé du cheval en un jour de carême : « S'il eût été riche et qu'il se fût fait servir à son souper pour 200 écus de marée en laissant mourir de faim les pauvres, il aurait été regardé comme un homme remplissant tous ses devoirs. » XLII, 449. — Voir encore le passage sur l'admission des paysans dans les Etats généraux de la Suède, XXIX, 260 ; ceux sur la noblesse, XVII, 8 et 17 ; celui sur l'égalité dans le *Droit du seigneur*, VII, 224. Voltaire s'est moqué du mariage imaginé par Rousseau entre les enfants du prince et ceux du bourreau, mais c'est la façon dont l'idée est exprimée qui l'a choqué ; il a loué des unions presque aussi extraordinaires ; il admire le mariage de Pierre le Grand avec une captive, une inconnue qui n'avait que du mérite. — Voir *Nanine*.

terre n'est pas aussi fertile qu'elle le devrait (1).

Tandis que les barons et les évêques déchirent leur pays, il loue le peuple, « la plus nombreuse, la plus utile et même la plus vertueuse partie des hommes, composée de ceux qui étudient les lois et les sciences, des artisans, des laboureurs enfin qui exercent la première et la plus méprisée des professions (2).

Je n'ai pas vu qu'en relevant les étourderies de Montesquieu il ait noté le paragraphe de l'*Esprit des lois* où les obligations de l'Etat sont exposées d'une façon si imprudente (3). S'il s'y était arrêté, il l'eût sans doute critiqué comme purement chimérique ; mais il est lui-même allé jusqu'à s'écrier : « Quoi ! vous n'avez pas encore trouvé le secret d'obliger tous les riches à faire travailler tous les pauvres ! Vous

(1) xxix, 378.

(2) xxxvii, 154. En parlant de ce que nous appelons les Etats généraux de 1302, Voltaire dit : « Les députés du peuple occupaient un des côtés de l'église, il est triste qu'on n'ait pas conservé les noms de ces députés ». Aug. Thierry, dans une de ses meilleures pages, n'a fait qu'exprimer plus au long un sentiment pareil à celui que Voltaire indique d'un trait si sobre mais si remarquable à cette époque et chez un ennemi des petits détails.

(3) Ce texte étant peu connu, sans doute parce que les admirateurs systématiques de Montesquieu en sont embarrassés, j'en donne les principales lignes : « L'Etat doit à tous les citoyens une subsistance assurée, la nourriture, un vêtement convenable et un genre de vie qui ne soit point contraire à la santé. » xiii, 29.

n'en êtes donc pas encore aux premiers éléments de la police (1) » ?

On m'objectera ses paroles de mépris pour la foule condamnée par lui à la superstition et à l'ignorance. N'a-t-il pas dit : « Il me paraît essentiel qu'il y ait des gueux ignorants... Quand la populace se mêle de raisonner, tout est perdu » ? N'a-t-il pas mainte fois exprimé le dégoût que lui causait cette canaille que l'on essaie en vain de désabuser, qui ne guérit d'une superstition que pour en chérir une autre immédiatement ? N'a-t-il pas déclaré nettement qu'il ne prétendait pas éclairer les cordonniers et les servantes ? N'a-t-il pas dit : que nous importe le peuple (2) ?

Remettons ces paroles à leur place, au milieu de tout ce qui les explique, les tempère ou les infirme.

Que nous importe le peuple ? Cela est dur. A qui ces mots s'adressent-ils ? Aux jansénistes qui voulaient proscrire les belles fables de l'antiquité. En fait, de quoi s'agit-il? Des intérêts de l'art, d'une question de goût. Les plus chauds partisans du peuple ne sont-ils pas condamnés souvent à se montrer en pareille matière aussi dédaigneux que Voltaire ?

---

(1) xxxix, 356. Cela fut imprimé en 1756; c'était écrit dès 1750 selon Beuchot. On a même proposé une date un peu plus ancienne.

(2) lxiii, 524 ; lxv, 167 ; xxix, 307. Il paraît approuver les

Il a comparé la voix de la populace à un cri de brute : ajoutez donc que c'était dans l'affaire des Calas (1). En ce cas et en plusieurs autres, il avait bien le droit de dire, comme Rousseau lui-même, qu'il faut raisonner avec les sages et jamais avec le public (2).

Vous vous arrêtez à ce qu'il écrit des gueux qu'il faut laisser dans l'ignorance ; continuez de lire, vous verrez la raison qu'il en donne : « On doit prêcher la vertu au plus bas peuple, mais il ne doit pas perdre son temps à examiner qui avait raison de Nestorius ou de Cyrille, d'Eusèbe ou d'Athanase, de Jansénius ou de Molina, de Zwingle ou d'Œcolampade, et plût à Dieu qu'il n'y ait jamais eu de bourgeois infatué de ces disputes ». Si vous ne pensez pas sur ce point comme Voltaire, c'est que vous connaissez mal Nestorius, Cyrille, Eusèbe, Athanase, Jansénius, Molina, Zwingle et Œcolampade.

« Quand la populace se mêle de raisonner, tout est perdu. » Voilà qui redevient brutal ; mais, encore une fois, voyez la suite : « Je suis de l'avis de ceux

philosophes indiens qui ne se donnent pas la peine d'instruire un peuple « qui ne veut pas être instruit et qui ne le mérite pas ». xv, 303. Voir aussi lviii, 60.

(1) xlvi. 541,

(2) Voir la lettre de Rousseau à l'abbé Raynal en juillet 1753

qui veulent faire de bons laboureurs des enfants trouvés, au lieu d'en faire des théologiens ».

Certains passages semblent réprouver le projet de beaucoup répandre l'instruction, mais combien d'autres interdisent de croire que tel soit le sentiment de Voltaire (1) !

« Les Parisiens seraient bien étonnés s'ils voyaient dans plusieurs villes de Suisse presque tous les artisans passer à lire le temps qui ne peut être consacré au travail. Non, tout n'est pas perdu quand on met le peuple en état de s'apercevoir qu'il a un esprit. Tout est perdu au contraire quand on le traite comme un troupeau de taureaux... La raison pénètre en vain chez les principaux citoyens : le peuple est toujours porté au fanatisme, et peut-être n'y a-t-il d'autre remède que d'éclairer enfin le peuple même... Si le grand nombre gouverné était composé de bœufs et le petit nombre gouvernant de bouviers, le petit nombre ferait bien de tenir le grand dans l'ignorance, mais il n'en va pas ainsi. » Voltaire veut de petits

(1) D'une part il établit des écoles à Ferney ; de l'autre, il ne craint l'instruction que si elle a pour effet de détacher du sol les enfants des agriculteurs et les transformer en plumes inutiles. L'état de l'agriculteur qui a un domaine suffisant est l' « état le plus tranquille, le plus heureux et le plus rare ; le fils qui a malheureusement appris le latin, se voyant riche, court à la ville... il meurt dans la mendicité. » xxviii, 508. Voir encore xxix, 373.

ouvrages clairs, à la portée de tout le monde; il
lui paraît convenable de n'écrire que des choses
simples, courtes, intelligibles aux esprits les plus
grossiers, de façon à éclairer à la fois le chancelier
et le charbonnier (1). Il veut « être populaire », il
n'est pas venu « pour les sages, mais pour le peuple (2) ».

Cependant, n'existe-t-il pas quelques illusions respectables ? n'est-il pas avantageux que la foule soit
trompée?— «Il n'y a aucun cas où le mensonge puisse
servir à la vérité. La superstition n'a jamais fait que
du mal... Ceux qui détrompent les hommes sont leurs
véritables bienfaiteurs... On demande si l'on doit encourager la superstition dans le peuple ; voyez la
Saint-Barthélemy, les massacres d'Irlande, les croisades : la question est bientôt résolue... Cultivez la
raison des hommes, vous verrez moins de catafal-
ques élevés par des pénitents blancs, moins de roues
et de bûchers dressés pour des hommes innocents,
moins d'assassins sur les grands chemins... On dit
qu'il faut des mystères au peuple, qu'il faut le trom-

(1) LXIV, 105 ; XXI, 368 ; XL, 145 ; LXI, 172, 83.

(2) Dès le 29 mai 1737. — Voir LXIX, 572, sa réponse à ceux
qui trouveraient ses remontrances « trop populaires », et, LXIX,
537, ce qu'il dit des maîtrises et jurandes « inventées pour tirer
de l'argent des pauvres ouvriers ».

per. Peut-on faire cet outrage au genre humain! Le peuple n'est pas si imbécile qu'on le pense... Nos ennemis crient depuis des siècles qu'il faut le tromper ; nous croyons que le plus bas peuple est capable de connaître la vérité... Que le dernier paysan apprenne à aimer le bien public, qu'on leur prêche chaque jour cet évangile, ils le sentiront et ils l'aimeront; il y a dans l'âme la plus brute un rayon de justice (1). »

Comme le repos, la paix et tous les avantages qui en résultent sont constamment vantés par Voltaire ; qu'il n'aime pas les utopies et repousse les panacées préconisées pour guérir tout d'un coup les maux du genre humain, on l'a cru ennemi de toute révolution. Il a chanté « ce bon siècle de fer » ; il a écrit en 1760

(1) xliv, 63 ; xv, 159 ; xxix, 287 ; l, 133 ; xl, 626 ; xliv, 9 ; lxix, 562. « Avouez que les médecins trompent les enfants pour leur bien. — J'ai deux fils que je n'ai jamais trompés. — Le peuple n'est pas né si heureusement que votre famille. — Tous les hommes se ressemblent à peu près, il ne faut pas corrompre la nature des hommes. — Nous leur enseignons des erreurs pour leur bien. — Ne voyez-vous pas que vous pervertissez ces pauvres gens ?.. — Quoi ! vous croyez qu'on peut enseigner la vérité au peuple sans la soutenir par des fables? — Je le crois fermement. Nos lettrés sont de la même pâte que nos tailleurs, nos tisserands et nos laboureurs. Pourquoi ne pas daigner instruire nos ouvriers comme nous instruisons nos lettrés ? — C'est comme si vous vouliez qu'ils fussent jurisconsultes... — J'avoue que tous les hommes ne doivent pas avoir la même science, mais il y a des choses nécessaires à tous. » *Dictionnaire philosophique*, art. Fraude.

que sans doute il est fâcheux de voir ceux qui labourent dans la disette et ceux qui ne produisent rien dans le luxe, de grands propriétaires qui s'approprient jusqu'à l'oiseau qui vole, jusqu'au poisson qui nage, et des vassaux tremblants qui n'osent délivrer leurs moissons du sanglier qui les dévore, mais que les moralistes n'y changeront rien, que le monde ira toujours de même. On en a conclu que Voltaire était un égoïste, s'accommodait des injustices sociales les plus criantes et, moins de trente ans avant 89, ne songeait aucunement à « changer les conditions matérielles de la société ».

Ici encore je suis obligé de répéter : tournez donc la page. Dans cette même lettre il se ravise, demande que l'on réforme les « vertus outrées » ; parmi ces vertus, il en est une surtout que les campagnes poussent trop loin, et c'est la patience (1) !

L'examen des projets de l'abbé de Saint-Pierre avait conduit Rousseau à envisager le moment d'a-

(1) LIX, 122. Rousseau écrit sans aucun correctif, et un peu plus tard : « La vérité n'a presque jamais rien fait dans le monde ; les livres ne sont bons à bien... Vous pourrez instruire les peuples ; vous ne les rendrez ni meilleurs ni plus heureux. C'est une des choses qui m'ont le plus découragé ». Voir toute la lettre du 29 avril 1762 à la Société économique de Berne. Ce n'est pas ici une boutade, c'est l'opinion constante de Rousseau. Notez qu'il écrit ces lignes l'année même où il donne le *Contrat social.*

narchie qui précède nécessairement l'établissement
d'un nouvel État : le danger d'émouvoir les masses
énormes qui composaient la monarchie française
l'avait effrayé. Lors même qu'il lui eût été démontré
que le plan de l'abbé avait tous les avantages possibles, il n'admettait pas qu'un homme de sens entre-
prît d'abolir les vieilles coutumes, de changer les
vieilles maximes et de donner une autre forme à
l'Etat que celle où l'avait amené une durée de treize
cents ans (1).

Voltaire ne partageait pas ces **appréhensions. Il
appelait une révolution** trop lente à venir pour qu'il
eût le plaisir d'en être témoin, mais qu'il savait nécessaire et infaillible. L'expérience et l'histoire lui
avaient appris que lorsqu'un abus est trop enraciné,
il faut un coup de foudre pour le détruire. « La plupart de nos fautes et de nos malheurs sont venus de
notre asservissement à d'anciennes coutumes hono-
rées du nom de lois... Les peuples ne se sont soumis
à des souverains ni pour être tyrannisés ni pour être
volés... Londres n'est devenue digne d'être habitée

(1) Voir tout le passage dans le *Jugement sur la Polysynodie*,
édit. Baudouin, vi, 488-9. Ce texte et beaucoup d'autres justi-
fient cette assertion de Musset Pathay, que ceux qui disent
que Rousseau voulait tout détruire, ou sont de mauvaise foi ou
ne l'ont pas compris, puisqu'il a toujours insisté sur la conservation des institutions existantes.

que depuis qu'elle fut réduite en cendres; voulez-
vous avoir de bonnes lois, brûlez les vôtres et faites-
en de nouvelles... Toutes nos coutumes ne sont
bonnes qu'à jeter au feu (1). »

« C'est avec la pointe de l'épée qu'on signe les di-
plômes qui assurent les prérogatives naturelles.
Heureuse Helvétie, à quelle pancarte dois-tu ta
liberté? A ton courage, à tes montagnes. — Mais je
suis ton empereur! — Mais si je ne veux plus que tu
le sois! — Mais tes pères ont été esclaves de mon père.
— C'est par cela même que leurs enfants ne veulent
plus te servir. — Mais j'avais le droit attaché à ma
dignité. — Et nous, nous avons le droit de la nature...
Quand les Provinces-Unies eurent-elles ce droit? Au
moment même où elles furent unies, et dès lors ce
fut Philippe II qui fut le rebelle (2). »

« O justice sainte, faites entendre votre voix sou-
veraine (3) ! »

On voit ce qu'il faut penser du fameux antagonisme
entre lui et le prétendu démocrate Rousseau (4).

----

(1) LXIX, 351 ; XXIII, 388 ; XXXI, 67 ; LXVII, 323. Voltaire a
horreur des ordonnances et usages absurdes dictés par l'avarice,
par la tyrannie, par la grossièreté, par des besoins particuliers
et passagers, et qui subsistent quand les besoins ne subsistent
plus. LXVI, 44.
(2) XXXII, 423.
(3) XLVII, 156.
(4) Lors des troubles de Genève, Rousseau est avec les bour-

Quinze ans après leur mort, une lutte que l'on a essayé de rattacher à leur querelle, était engagée entre les chefs de la Révolution. Les décrets de proscription allaient succéder aux invectives. Un des hommes qui déjà se sentaient désignés pour l'échafaud, se tournant vers les spectateurs du drame terrible, leur adressa cette apostrophe : « Si l'on prétend que nous sommes divisés, répondez que ce n'est pas vrai ». Nous pouvons en dire autant de nos deux philosophes; non, malgré les injures qu'ils ont échangées, ils ne furent pas divisés.

geois, Voltaire avec les « natifs », la classe inférieure dont les droits sont méconnus. Que ce soit pour les attirer dans sa colonie ou parce que le rôle de tribun l'amuse, le fait n'en subsiste pas moins. M. Sayous a remarqué sa patience et sa générosité envers ses clients. I, 327-337.

CHAPITRE XXI.

On a souvent imputé à Voltaire non seulement les événements de l'année 1789, mais aussi ceux des années suivantes. « Je suis pour quelque chose dans tout cela; c'est moi, mes chers fidèles, qui ai été votre précurseur », lui faisait dire Laya au début de la Révolution. Au milieu de l'année 1790, La Harpe dans le *Mercure*, Vilette aux Jacobins, soutenaient qu'il avait fait tout ce que l'on voyait, que la Révolution était son ouvrage. André Chénier, Rabaud Saint-Etienne, le répétaient un an plus tard. C'était la pensée de la Constituante en conduisant ses cendres au Panthéon (1). « Croyez-vous que sans Voltaire et

(1) Dans la séance du 8 mai 1791, Régnault de Saint-Jean-d'Angély dit que Voltaire avait le premier demandé les réformes faites par l'Assemblée ; Treilhard l'appela l'auteur de la Révolution ; Christin raconta que Voltaire la lui avait promise. — « Ton souffle créateur nous fit ce que nous sommes », dit Marie-Joseph Chénier dans son hymne pour la cérémonie de Juillet.

les encyclopédistes, la tribune retentirait aujourd'hui de vos discours sur la liberté? disait Brissot le 25 décembre 1792. Dans une poésie récitée lors de l'ouverture du Temple de la Raison à Tours le 20 frimaire de l'an II, Voltaire et Rousseau sont célébrés comme deux républicains sans lesquels la raison serait encore au berceau et l'erreur couvrirait la terre (1). Enfin Victor Hugo croyait dans sa jeunesse que si Voltaire n'est pas le seul auteur de la Révolution, l'infortuné est coupable d'une grande partie des choses monstrueuses dont elle est remplie, et qu'il est à Marat, ce que la cause est à l'effet (2).

L'opinion contraire est moins répandue, mais elle a des partisans considérables. Catherine et Grimm s'accordent à affirmer que Voltaire avait signé d'avance la condamnation de l'Assemblée Constituante. Chateaubriand dit qu'à la vérité en attaquant l'ordre religieux il sapait les fondements de l'ordre social, mais que certainement il ne s'en rendait pas compte,

____

(1) Cette poésie curieuse est donnée par M. Aulard dans son étude sur *Le culte de la Raison*, p. 120.

(2) Bertrand de Moleville, ayant compté Voltaire parmi les écrivains dont la plume empoisonnée a préparé la Révolution, l'éditeur de 1801 ajouta en note : « Le même esprit qui fit décerner les honneurs du Panthéon à Voltaire les fit décerner quelques années après à Marat. On plaça le disciple auprès du maître... On ne fit que rapprocher les conséquences du principe. »

et que, dans une société de gens de lettres parfaitement renseignés, on avait conclu à l'unanimité qu'en
1792 Voltaire et Rousseau auraient été des aristo-
crates. Mme de Staël pense de même que Voltaire n'a
pas été étranger à la Révolution, mais ne la voulait
pas. Quinet admet qu'il a gouverné le xviiie siècle
jusqu'en 1789, mais pas au delà. Selon Sainte-Beuve,
au fond il n'est pas contre la Révolution ; mais cela
même laisse place au doute. M. Faguet croit qu'elle
était en opposition avec ses idées et qu'il l'eût dé-
testée (1).

Les deux thèses sont soutenables.

Si la France a été ensanglantée, mise en danger,
non par la folle résistance des défenseurs de l'ancien
régime, mais par la présomption et la vanité d'un
Tiers-Etat infatué de chimères ; si la Révolution française est l'application systématique d'une doctrine
entraînant la destruction des sociétés et hostile à la
civilisation ; si elle a été entreprise pour mettre à
néant toutes les institutions établies et organiser le
monde sur un plan nouveau, conformément à des
spéculations métaphysiques ; si elle a pour caractères distinctifs à l'intérieur les massacres de septem-

(1) Dans un gros ouvrage sur Rousseau considéré comme un
des premiers auteurs de la Révolution, Mercier a expliqué longuement qu'il est contre toute vérité de donner ce titre à
Voltaire.

bre, l'échafaud en permanence, les lois de prairial, au dehors les conquêtes à main armée, il n'est pas douteux que Voltaire l'eût maudite.

Mais il y a des fous furieux dans tous les partis. Mallet du Pan a signalé parmi les émigrés des Marat à cocarde blanche ; il a avoué que les royalistes avaient comme les Jacobins leurs formules, leur Terreur et jusqu'à leur *Père Duchesne*. La Révolution est autre chose que l'explosion d'un fanatisme plus ou moins philosophique. Frédéric avait annoncé que la chute des moines ne serait pas l'ouvrage de la raison, mais celui des financiers, que la France séculariserait les abbayes « pour avoir des espèces » ; c'est en effet la force des choses qui décida les constituants à prendre possession des biens du clergé. Il en fut à peu près de même de la plupart des grandes destructions de cette époque. Les cahiers de 89 prouvent que les révolutionnaires n'étaient entêtés d'aucun système. Ce n'est pas la doctrine qui engendra les événements, ce sont les événements qui réglèrent la doctrine et d'année en année l'ont modifiée de façon à ce qu'elle s'adaptât aux circonstances et aux besoins du jour. Il se peut que l'esprit classique et la métaphysique aient préparé certaines innovations, mais la nécessité a bien plus efficacement contribué à les imposer. On ne cesse de répéter que

ce fut par ignorance du passé, par mépris de la
méthode expérimentale qu'en 89 les Français se
mirent à élaborer une Constitution : ce fut au contraire parce que l'histoire ne leur fournissait aucune
règle de conduite, ainsi que le disait la noblesse de
Provins et de Montereau, au début de son cahier. Le
Contrat social médité attentivement les aurait
détournés de leur entreprise : ils y étaient encou-
ragés par l'*Essai sur les mœurs*. Voltaire leur avait
appris qu'en aucun temps ils n'avaient eu d'institutions stables, que tout avait toujours changé chez
eux plus que chez tous les autres peuples, que la
variation des coutumes et des usages a toujours
caractérisé la France. Il insiste avec beaucoup de
force sur cette variation persistante et extrême. Il
ne voit dans le recueil des ordonnances royales
qu'un monument de l'inconstance des choses
humaines ; chaque pas qu'il fait dans l'ancienne
France lui prouve que presque rien n'a été réglé
d'une manière uniforme et stable. « Tout ce qu'avait
établi Louis XIV était détruit, la forme même du
gouvernement avait été changée entièrement. » Notre
histoire entière l'amenait à cette conclusion que
c'est une idée bien vaine, un travail bien ingrat,
de vouloir se guider d'après les usages antiques.
A quelle époque faudrait-il avoir recours ? A

quel siècle, à quelles lois faudrait-il remonter (1)?

En lisant en tête de la Constitution de 1791 que l'ignorance et l'oubli des droits de l'homme sont les seules causes des malheurs publics, on se plaît à reconnaître un écho de Rousseau. Pourquoi pas de Voltaire? Il a dit : « La même force d'esprit qui conduit au vrai nous rend bons citoyens; qu'est-ce en effet que d'être libres? C'est connaître les droits de l'homme. Quand on les connaît bien, on les défend de même (2) ».

Il n'aurait peut-être pas approuvé la déclaration qui en a été donnée par l'Assemblée Constituante ; les rédacteurs eux-mêmes n'en étaient pas tous satisfaits. Deux ans s'étaient à peine écoulés, que Dupont de Nemours expliquait qu'elle se ressentait des circonstances dans lesquelles elle avait été improvisée, des dangers que couraient les députés, de leurs hésitations, de leurs justes craintes. Voltaire aurait tenu compte de tout cela. Il eût été probablement beaucoup plus indulgent que nous pour les hommes de la Révolution : il sentait si bien l'im-

(1) XVI, 453 ; XVII, 13, 16 ; XIX, 147 ; XXII, 285-8 ; XVI, 456. Les institutions désignées par le même nom à des époques différentes n'ont souvent « rien de commun que le nom seul ». XXII, 6. Cette vérité que tant d'historiens méconnaissent est mise par Voltaire en pleine lumière.

(2) XLII, 232.

possibilité de résoudre convenablement du premier coup tous les problèmes qui leur furent posés ! Autant il était résolu à certaines réformes, autant il était indécis à l'égard d'autres qu'il n'avait pourtant pas moins à cœur, mais qu'il était très délicat d'essayer.

Sur l'urgence d'abolir l'ancien régime, il n'avait aucun doute. La chute de Turgot l'aurait, à elle seule, dégoûté d'un état de choses où de pareilles catastrophes pouvaient être produites par un caprice de la Cour, par ces quelques mots : car tel est notre bon plaisir. Il détestait le gouvernement tartare qu'on nomme féodal et qui subsistait « dans toute son horreur » à la porte de Ferney. Nous savons de quel œil il voyait la multiplicité des poids et mesures, avec quelle impatience il rencontrait à Saint-Denis une autre pinte qu'à Paris, et combien il trouvait absurde d'avoir en France autant de jurisprudences que de relais de poste (1). Les réformes judiciaires

(1) C'est peut-être dans le *Dialogue* entre un plaideur et un avocat qu'il a traité cette question de la manière la plus frappante. Il y use de cet argument bien remarquable : Comment s'obstine-t-on à ne pas établir l'unité de législation alors qu'on admet, qu'on exige l'unité de religion ? — Notons ici un fait qui montre bien que l'établissement d'une législation uniforme ne vint pas seulement de l'esprit classique et de l'esprit philosophique. Dès l'année 1704, d'Aguesseau constatait que la multitude des coutumes formait plusieurs Etats dans un seul, était un sujet de divisions profondes, et effrayait les magistrats qui

qu'accomplit la Constituante avaient été presque toutes demandées par lui : il avait même promis à qui les exécuterait, les bénédictions du siècle présent et de la postérité.

Il avait écrit : « Vous avez raison, Messieurs les abbés, envahissez la terre, elle est au fort, à l'habile qui s'en empare. Vous avez profité des temps d'ignorance, de superstition, de démence, pour nous dépouiller de nos héritages et pour nous fouler à vos pieds, pour vous engraisser de la substance des malheureux : tremblez que le jour de la raison n'arrive (1) ».

Nous condamnons de très haut la constitution civile du clergé ; nous n'avons pas de peine à établir qu'elle eut les conséquences les plus funestes. Il serait moins facile de dire comment on aurait pu éviter cette faute, si tant est que l'on doive appeler faute un acte indispensable, imposé par la force des choses. Le 17 avril 1793, Vergniaud rappelait à la Convention que les constituants n'étaient pas en état d'aller bien loin dans les voies de la liberté religieuse, et Danton acheva la démonstration en disant qu'ils avaient fait tout ce qui était possible en un

prenaient la « téméraire résolution de n'en étudier aucune et de mettre à leur place le droit naturel. »

(1) C'est la fin de l'article *Abbé* dans le *Dictionnaire philosophique*.

temps où les préjugés et l'intolérance conservaient encore trop d'empire pour qu'il fût permis de les heurter de front. Voltaire aurait sans doute approuvé ce langage. Dans la conclusion d'un de ses écrits les plus violents, il fait ainsi parler Bolingbroke : « Telle est la misérable condition humaine que le vrai n'est pas toujours avantageux. Il y aurait du danger et peu de raison à vouloir faire tout d'un coup du christianisme ce qu'on a fait du papisme. Je tiens qu'on doit laisser subsister la hiérarchie établie, en l'empêchant de nuire. Il serait à désirer que l'idole fût renversée et que l'on offrît à Dieu des hommages plus purs, mais le peuple n'en est pas encore digne. Il suffit pour le présent que l'Eglise soit contenue (1) ».

Il parle souvent d'une religion à la fois plus pure et plus dépendante de l'autorité civile. Il admet jusqu'à un certain point l'intervention de cette autorité dans la police ecclésiastique et même dans l'administration des sacrements. Il ne confond pas, comme la plupart de ses contemporains, le mariage civil avec le mariage religieux, mais il semble partagé, comme le furent les membres de nos deux premières assemblées révolutionnaires, entre le désir de remettre les registres de l'état civil aux

____

(1) xLIII, 204.

mains de magistrats laïques (1), et la crainte d'exciter les passions populaires en les enlevant au clergé.

Il me semble qu'une très grande partie des principaux décrets de la Convention n'auraient pas été accueillis par lui avec plus de difficulté que ceux de la Constituante.

Supposons, ce qui n'est pas, que comme presque tous les Français, profondément attaché aux institutions monarchiques, il eût en 89 partagé le sentiment si naïvement exprimé dans le cahier de Vienne : que la liberté de la nation soit inviolable, et après ce grand intérêt assuré, que la puissance du roi soit rendue aussi absolue qu'il est possible et qu'il est nécessaire au gouvernement d'un grand pays ; supposons qu'en mai 1791 il eût applaudi à ces paroles de La Revellière Lépeaux : « Le jour où la France cessera d'avoir un roi, elle perdra sa liberté et son repos ». Pourquoi n'aurait-il pas fait comme tant de royalistes qui se convertirent à la république dans la seconde moitié de l'année 1792 ?

L'article 354 de la Constitution de l'an III portant que nul ne peut-être forcé de contribuer aux dépenses d'aucun culte et que la république n'en salarie aucun,

(1) « Que tout ce qui concerne les mariages dépende uniquement du magistrat. » XXXI, 85.

n'eût sans doute pas déplu à l'homme qui avait écrit :
« Il faut séparer toute espèce de religion de toute
espèce de gouvernement ; la religion ne doit pas
plus être une affaire d'État que la manière de faire
la cuisine... et pourvu qu'on soit soumis aux lois,
l'estomac et la conscience doivent avoir une liberté
entière. Cela viendra un jour, mais je mourrai avec
la douleur de n'avoir pas vu cet heureux temps (1) ».

La politique extérieure de la Convention l'eût
affligé. Il ne se serait pas résigné sans regrets à
l'infraction du grand principe posé par la Constituante ; de tous les actes de l'année 1790, pas un
n'était plus conforme à ses aspirations que l'article 4
du décret du 22 mai par lequel la France renon-
çait aux guerres de conquête (2). Mais il savait que

(1) LXII, 254.
(2) Non seulement il dit, à propos de la conquête de Naples
par Charles VIII, que douze villages qui joignent un Etat
valent mieux qu'un royaume à quatre cents lieues de chez
soi ; mais il n'aime pas que même pour acquérir des villages ou
des villes joignant l'Etat on fasse la moindre guerre. Parlant
de la dernière période de la guerre de Trente Ans qui aboutit
à la paix de Westphalie, il dit : « Cette guerre ruineuse était
semblable à toutes celles qui se font depuis tant de siècles
entre les princes chrétiens, dans lesquelles des millions
d'hommes sont sacrifiés pour obtenir enfin quelques villes dont
la possession vaut rarement ce qu'a coûté la conquête. » Vers
1759 il comptait en Europe plus de deux cents batailles depuis
le commencement du siècle : « Les plus signalées et les plus
sanglantes n'ont eu d'autres suites que la réduction de quelques
provinces cédées ensuite par des traités et reprises par d'autres

si à la rigueur on peut suivre un plan chez soi, il
faut avec ses voisins vivre au jour la journée ; que
dans les grandes affaires comme en physique, il faut
écarter tout système et se laisser guider par l'expérience ; que les hommes les plus habiles ont été,
sont et seront toujours menés par les événements (1).
Qui sait s'il n'eût pas, lui aussi, cédé à l'entraînement
presque irrésistible qui changeait une révolution pa-
cifique en une révolution belliqueuse et conqué-
rante ?

batailles. Des armées de cent mille hommes ont souvent combattu, mais les plus violents efforts n'ont eu que des succès faibles
et passagers... Il n'y a point d'exemple, dans nos nations modernes, d'aucune guerre qui ait compensé par un peu de bien
le mal qu'elle a fait. » xxv, 202. Son mot tant critiqué sur le
Canada n'est qu'une application de cette règle générale. Ni la
Floride ni la Louisiane ne lui paraissent mériter que la France
s'épuise pour les conserver. Tout en reconnaissant que Coligny
avait une grande idée quand il voulait établir les Français au
Brésil, il n'est pas convaincu que le projet fût très heureux. Il
croit l'Amérique et les Indes un fardeau bien lourd pour l'Angleterre. xxxiv, 331. Il a, sur la guerre que les Russes soutenaient pour la Crimée, le même langage que pour la guerre du
Canada : « La Crimée n'est qu'un tas de boue. » Pour avoir l'expression complète de sa pensée. il faut, aux paroles qu'on cite
toujours, ajouter ceci : « Le Canada coûtait beaucoup et rapportait très peu... Si la dixième partie de l'argent englouti
dans cette colonie avait été employée à défricher nos terres
 ncultes en France, on aurait fait un gain considérable ». xxi, 331.
Voir aussi p. 340 : « On aurait prévenu tant de malheurs en
s'accommodant avec l'Angleterre pour un terrain litigieux vers
le Canada ». Il n'admet que les guerres de délivrance, comme
celle de Spartacus ou celle qui affranchira Athènes.
   (1) lix, 504-7.

La Terreur lui aurait incontestablement répugné, fait horreur. Toutefois il comprenait les fureurs populaires, les excusait et s'y associait quand elles avaient des motifs graves. Il avait arraché son petit pays de Gex aux griffes affreuses de la ferme générale : la campagne commencée ne devait finir qu'au 1er janvier 1776 ; les « pandours » avaient des ordres pour profiter de ce délai et tout saccager. Leur brigandage, leur abominable tyrannie l'indignèrent. Il ne concevait pas qu'on n'eût pas sonné le tocsin contre eux dans tous les villages et qu'on ne les eût pas exterminés (1).

D'autre part, il avait été témoin de l'insurrection lamentable qu'avaient occasionnée les efforts de Turgot pour établir le libre commerce des grains. Les paysans courant vers Pontoise par milliers comme des fous, hurlant, démolissant les moulins, jetant blés et farines à la rivière, parlant d'égorger les boulangers, les horreurs commises dans Paris, l'extravagance des automates grossiers à qui on avait persuadé de piller Chantilly, Corbeil, Versailles, ne l'avaient pas brouillé avec Turgot ; les violences de la Commune ne l'auraient peut-être pas brouillé non plus avec la Convention.

(1) LXIX, 445, 518.

Il avait donné à entendre que la condamnation de Charles II pouvait à la rigueur être justifiée par une lettre d'où il résulte que ce prince avait trahi l'Angleterre ; aurait-il réprouvé davantage le supplice de Louis XVI ?

Si révolté qu'on l'imagine par ce qui se passa en 1793 et en 1794, il n'aurait pas pu dépasser en imprécations, en anathèmes quelques-uns des Girondins. Tout ce que la colère, la soif de la vengeance, le désespoir ont jamais suggéré de plus excessif, Buzot l'a dit ; est-il pour cela un adversaire de la Révolution ? Camille Desmoulins en est-il un pour avoir fait les derniers numéros du *Vieux Cordelier ?*

Un grand écrivain se demandait, il y a quelques jours, si la Révolution n'est pas une faute politique, et nous accordait encore quelques années avant de décider si elle a avorté. Nous pourrions réclamer un délai moins court, à l'exemple des premiers chrétiens à qui l'on objectait que leur maître ne tenait pas ses promesses. Nous n'en sommes pas réduits à cet expédient ; dès à présent et même depuis longtemps on devrait savoir à quoi s'en tenir. La Révolution a consommé la victoire du génie de la Renaissance sur le génie du Moyen-Age. Elle n'est qu'une des formes, un des moments de l'émancipation commencée au xve siècle. Rabaut Saint-Etienne avait raison de croire qu'elle a été préparée et par les expériences de Bacon et par les doutes de Montaigne et par les discussions de Bayle. Lakanal a dit en 1793 que Buffon y avait grandement coopéré par ses conceptions et les images sublimes répandues dans ses ouvrages (1). Cette observation exacte et profonde fait comprendre à merveille le rôle des philosophes du XVIIIe siècle. Ils propagèrent, non une doctrine nouvelle, mais un esprit nouveau, l'esprit des temps modernes. Les passages du *Contrat social* transformés en décrets par la Constituante et par la Convention ont, malgré leur fortune brillante, moins d'importance pour l'historien que telle page des *Epoques de la nature* absolument étrangère à la politique.

Pour célébrer un des futurs centenaires de 89, quelque grand peintre groupera sur la toile les précurseurs de la Révolution. L'auteur de l'*Histoire naturelle* figurera au premier rang parmi eux ; Voltaire, comme chef du chœur, marchera à leur tête.

(1) **Rapport sur le Jardin des Plantes**, présenté à la Convention le 10 juin 1793.

CHAPITRE XXII.

Je ne veux pas dire qu'il n'en ait qu'un seul : on en a toujours plusieurs. Je parle de celui qui lui a causé le plus de préjudice et dont le ressentiment perce dans la plupart des discours que l'on tient contre lui.

Au lendemain de la condamnation des *Lettres Philosophiques*, il se demandait pourquoi ce livre avait choqué si vivement ; il pensait que cela tenait à sa manière plaisante de traiter certaines questions. Ce sont les mots et non les choses qui révoltent, disait-il ; si je n'avais pas égayé la matière, personne n'eût été scandalisé, mais aussi personne ne m'aurait lu.

Cette remarque peut être appliquée à son œuvre entière. La façon dont il présente son opinion lui a

presque toujours été plus funeste [que son opinion
même. Tout ce qu'il a dit de plus hardi pouvait être
exprimé sans exciter les colères que l'on sait : il
fallait seulement y mettre de la lourdeur, de l'emphase, un gros appareil scientifique, être moins
naturel, moins simple, moins net, moins enjoué.
D'autres ont fait bien pis que lui ; on leur est plus
indulgent parce qu'ils ont été très graves là où il
était amusant, parce qu'ils ont remué avec des gestes
de pontifes ce qu'il agitait d'une main légère.

Mais s'il eut raison de penser que l'agrément de
ses écrits était ce qu'on lui pardonnerait le moins,
peut-être s'est-il trompé en supposant que sans cet
agrément il n'aurait pas été lu. Un peu d'obscurité,
un peu d'ennui, un peu de peine aurait encore plus
sûrement attiré et retenu certains lecteurs. Moins
aisé à suivre et à entendre, on aurait discuté sur ce
qu'il avait voulu dire, on aurait eu le plaisir de le
commenter et de l'interpréter. Il a trop oublié qu'être
sobre, clair et divertissant n'est pas le meilleur moyen
de se faire écouter de tout le monde ; il ne tenait pas
assez compte de la portion du public qui n'admire
que quand elle bâille et qui ne souffre pas que l'on
rie des choses ridicules. Condorcet a expliqué que
bien des personnes n'avaient pas pris au sérieux
l'*Essai sur les mœurs* tant à cause des plaisanteries

qui s'y trouvent sur les folies humaines qu'à cause
de l'absence de textes, de citations, de documents
lourds : « L'habitude de trouver à côté des décisions
de la critique l'échafaudage insipide employé pour les
former, a fait prendre celle de ne regarder comme
exact que ce qui porte l'empreinte de la pédanterie ».
Voltaire a négligé d'être pédant. Quelque sujet qu'il
traitât, il cherchait à intéresser et non à en imposer :
en philosophie, en politique, dans toutes les branches
de la littérature il a toujours, de même qu'en histoire,
rejeté le bagage indispensable pour éblouir les
badauds. A plus forte raison dans un ouvrage
sérieux il ne se serait pas permis d'alléguer à la suite
des lois grecques et romaines, celles de Bantam, de
Cochin, du Tonkin, d'Achem, de Bornéo et de Formose,
« comme s'il avait eu des mémoires fidèles du gouvernement de ces pays ». Il ne prend pas des airs
solennels et inspirés. Il aurait pu aussi bien que tel
ou tel qui au fond n'a pas plus de doctrine que lui,
pas plus de science que lui, qui est même beaucoup
moins bien informé de ce qu'il professe, se poser en
docteur, émettre de ces sentences ingénieuses qui
ne supportent pas l'examen, mais qui ont sur la foule
un effet assuré. Il en était incapable. Il ne voulut
point être érigé en oracle ; il n'essaya même pas de
pallier ses contradictions. Aussi l'idée n'est-elle

jamais venue et ne viendra-t-elle jamais de le citer de ce ton dont on citait Rousseau à la fin du siècle dernier, dont on cite encore Montesquieu dans un certain monde et M. de Tocqueville dans *le Monde où l'on s'ennuie*. Il passe pour un esprit léger et superficiel. Il porte la peine de son aversion pour les systèmes, pour les mots qu'on dit profonds parce qu'ils sont creux, pour le clinquant et tout ce qui sent le charlatanisme.

Ton nom des imposteurs restera l'épouvante, lui disait Marie-Joseph Chénier. Ce n'est pas aux seuls imposteurs qu'il est antipathique ; il a contre lui la troupe innombrable des fabricants de théories, des faiseurs de simagrées, des rhétoriciens, des amateurs de quintescence et de galimatias, des commentateurs prolixes, des gens qui cherchent de bonne foi avec l'Homme aux quarante écus et finissent par savoir au juste en quelle langue le serpent a parlé à Eve, si l'âme est dans le corps calleux ou dans la glande pinéale, quelle différence est entre un trône et une domination et pourquoi les nègres ont le nez épaté.

Son grand tort est un peu celui de Rabelais et de Montaigne, celui de Molière. Ces hommes-là sont trop Français.

CHAPITRE XXIII.

LES VOLTAIRIENS.

Quoi, le grand Pan est mort ! s'écria Piron un jour où le bruit courait que son ennemi avait vécu (1).

Ceux qui ont appelé Voltaire le roi de son époque ou qui ont comparé son couronnement au triomphe d'Alexandre, n'ont pas si bien dit ni si exactement. Il remplissait le monde et le vivifiait.

Son influence fut, non pas moins considérable, mais autre qu'on ne l'imagine ; surtout, la manière dont elle s'est exercée a été généralement méconnue depuis près d'un siècle.

Selon Volney, Voltaire s'adresse à la pensée plus qu'au sentiment, tandis que Rousseau parle au cœur plutôt qu'à l'esprit (2). Mme de Staël met aussi en

---

(1) En apprenant la mort de Voltaire, Catherine eut « un mouvement de découragement universel et un très grand mépris pour toutes les choses de ce monde ».

(2) Voir le développement de Volney dans sa 4ᵉ leçon d'histoire.

regard de Voltaire qui se borne à éclairer, Rousseau
qui déchaîne la tempête des passions. Cette antithèse a eu grand succès : Villemain et bien d'autres
à sa suite ont répété et répéteront longtemps encore
que Voltaire eut de l'influence sur l'opinion, Rousseau sur les caractères et sur les talents. Cela devint
peut-être vrai dans une certaine mesure, à la fin
du XVIIIᵉ siècle, ce ne l'était pas auparavant. Voltaire ne se contentait pas de porter la lumière dans
les intelligences, il touchait et remuait les cœurs.
Il lui semblait que l'on abusait de la philosophie,
de « ce raisonner qui est fort obscur, fort inintelligible » ; il donnait toujours la préférence au sentiment sur la raison et, même en histoire, s'appliquait
à émouvoir (1). Rousseau aurait-il été le disciple
enthousiaste d'un homme qui n'eût fait que l'éclairer (2)? Les œuvres de son maître lui élevaient
l'âme, enflammaient son courage (3). Vous êtes celui
de mes contemporains dont les écrits parlent le

(1) LXVII, 452, 464, LVI, 5. Et ailleurs : « Le raisonner tristement
s'accrédite ».

(2) Ces mots : disciple enthousiaste, sont dans la lettre du
17 juin 1760, quand la *Nouvelle Héloïse* est faite, quand l'*Emile*
et le *Contrat social* sont presque achevés.

(3) Lettre du 20 janvier 1750. — Nisard accorde à Voltaire
non du cœur, mais de la raison émue, le cri de la douleur vraie.
Qu'est-ce à dire ? L'émotion, la douleur vraie, n'est-ce pas ce
qu'on appelle le cœur

mieux à mon cœur, lui disait-il le 18 août 1756.

Ici l'autorité de Rousseau suffirait; en veut-on d'autres?

Dans les *Mémoires secrets*, généralement peu bienveillants pour Voltaire, on lit à la date du 17 septembre 1769 qu'en parlant de la tolérance il devient sublime, qu'il a beau avoir traité ce sujet cent fois, plus il y revient et plus il a de chaleur (1). Il est trouvé pathétique par Vauvenargues, par Garat. Mlle de Lespinasse voit une lettre de lui chez d'Argental : elle en est tellement touchée qu'au risque de commettre une indiscrétion elle en demande copie. Le respectable Moultou avouait que Voltaire lui élevait l'âme, lui communiquait « une chaleur précieuse », que personne ne savait mieux parler au cœur. Mme de Staël, oubliant ce qu'elle a dit ailleurs, se rapproche de la vérité quand elle arrive à parler du théâtre de Voltaire : elle trouve qu'il peint la douleur avec plus d'énergie que ses prédécesseurs, que l'émotion produite par ses tragédies est plus forte, la passion exprimée avec plus d'abandon (2). Condorcet se sentait fortifié,

----

(1) D'Alembert dit à propos d'une lettre de Voltaire sur l'affaire de Sirven : « On se l'arrache, on verse des larmes, et on la relit et on en verse encore ».

(2) Mme de Staël dit encore que Voltaire a mis dans l'amour

plus disposé à une action courageuse par la *Mort de César*, par *Rome sauvée*. « Je lis le théâtre de Voltaire, j'en reçois une impression religieuse ; l'*Iliade* produisit le même effet sur moi l'an passé », dit la jeune fille qui s'appellera Mme Roland (1).

Lors même que les hommes qui se sont appelés les voltairiens ne seraient pas indignes de leur nom, il ne faudrait pas le leur conserver. Ce titre les fait prendre pour les vrais disciples du maître, les seuls ; Voltaire en a bien d'autres : nous venons d'entendre Rousseau s'honorer d'en être un, et par lui tous les hommes illustres qu'il a formés ont subi l'influence et reçu quelque chose de l'héritage de Voltaire, de même que les partisans de Paul étaient chrétiens, bien que la bonne nouvelle ne leur eût pas été transmise directement et qu'ils fussent en querelle avec l'Eglise de Jérusalem.

Mais les voltairiens n'ont pas le droit de figurer

« une profonde sensibilité », qu'il est un de ceux qui ont parlé de cette pasion « avec une sorte de culte étrangère aux anciens ».

(1) Lettre à Henriette Cannet du 20 janvier 1777. Nous négligeons trop des pièces qui produisirent une telle impression sur de si grandes âmes, des pièces qui furent mises par A. Chénier à côté de celles de Corneille et de Racine, qui furent louées par V. Hugo adolescent. M. Nisard en a constaté le mérite. M. Faguet n'a peut-être pas dit, autant que je l'aurais souhaité, le souffle viril qui les anime; mais il les a trouvées intéressantes. Pour l'anniversaire de la naissance de Voltaire, en 1894, le Théâtre-Français et l'Odéon ne joueront-ils pas *Tancrède, Mérope,* d'autres encore ?

même dans un rang inférieur parmi les fidèles de la nouvelle religion. D'Argenson avait prévu qu'ils formeraient une secte à qui il arriverait comme à bien d'autres de se tromper sur les intentions de son patriarche. Sa prédiction se réalisa; Voltaire fut presque aussi gravement méconnu et travesti par ceux qui se réclament de lui que par ses pires adversaires.

Il ne reste plus guère de voltairiens. Cette espèce d'homme achève de disparaître. Mais on se souvient d'en avoir vu les derniers échantillons qui dataient du règne de Louis-Philippe et c'est d'après eux que bien des gens se figurent Voltaire. L'idée inexacte que l'on se fait de lui et de son action, vient en grande partie de l'idée assez exacte que l'on a de ses prétendus disciples. Ils ne lui avaient guère emprunté que leur attitude hostile en face du clergé et des pratiques du catholicisme. Voltairianisme, esprit d'incrédulité railleuse à l'égard du christianisme, dit Littré.

Encore ne faudrait-il pas exagérer leur hardiesse. Ils se dispensaient volontiers du maigre les vendredis ordinaires; auraient-ils tous osé faire un dîner gras les vendredis de carême, le Vendredi Saint?

Sauf leur opposition mesquine au cléricalisme, ils n'avaient presque rien de commun avec Voltaire et à certains égards n'étaient pas même capables de le comprendre. Mme de Staël pensait que pour le bien juger, le goûter pleinement, l'esprit aristocratique est presque nécessaire ; j'aimerais mieux dire que la première condition est de ne pas avoir l'esprit voltairien, l'esprit court, étroit et bourgeois qu'on lui attribue et qu'il a tant combattu, cet esprit « qui veut juger de tout par le peu qu'il connaît, qui ignore combien le tableau de l'univers est varié et changeant, combien l'observateur y découvre de mœurs, d'usages, de faits qui diffèrent de ce qui se passe chez nous ». Le voltairien, parce qu'il n'allait pas à la messe, se croyait un esprit fort, s'imaginait penser librement ; à vrai dire, il différait peu de l'habitant de la rue Saint-Jacques qui avait besoin d'être averti que les orgues de Saint-Séverin ne donnaient pas le ton au monde entier, que deux lieues de mer changent les bienséances, les idées et tout (1).

Plus encore que l'étroitesse de la pensée, ce qui caractérise les voltairiens, c'est la légèreté, l'absence de conviction et d'élan, l'inertie. Aux yeux de Volney. un trait les distinguait principalement des élèves de Rousseau : tandis que ceux-ci prenaient en horreur les personnes qui attaquaient leur maître et s'em-

_____

(1) xxix, 83, 92 ; xxx, 53.

portaient contre elles jusqu'à les appeler scélérats,
les voltairiens défendaient Voltaire mollement, par
des plaisanteries faibles. Cela seul ne prouve-t-il
pas combien ils étaient indignes de lui? Voltaire
plaisante beaucoup parce qu'il est naturellement
gai, qu'il a un grand fond de bonne humeur, que la
plaisanterie maniée par lui devient au besoin une
arme formidable; mais sitôt que les circonstances
l'exigent, il est sérieux, grave, ardent d'une véhémence et d'une passion extraordinaires. D'Alembert
raconte l'histoire de La Barre et ajoute qu'il n'en
rira pas moins de tout. « Je ne puis souffrir, réplique Voltaire, que vous finissiez votre lettre en disant : je rirai. Ah ! mon cher ami, est-ce là le temps de
rire ? Les bons mots ne conviennent point aux massacres. Je vous embrasse avec rage » (1).

La façon dont il gourmande les voltairiens aurait
dû empêcher de le confondre avec eux. Ecoutez-le
quand il leur reproche leur lâche habitude de n'oser
penser par eux-mêmes, leur tiédeur; quand il leur
montre les missionnaires courant la terre et les
mers et demande que les philosophes courent au
moins les rues : « N'est-il pas honteux que les fana-

(1) LXIII, 225, 239. « Cet homme (Voltaire) me semble ardent,
convaincu, superbe... Ce qui me le fait chérir, c'est le dégoût que
m'inspirent les Voltairiens, les gens qui rient sur les grandes
choses. » Flaubert, *Corresp.* III, 159.

tiques aient du zèle et que les sages n'en aient pas ?
Il faut semer le bon grain de maison en maison.
On réussit plus encore par la prédication que par les
écrits des Pères. Acquittez-vous de ces deux grands
devoirs, prêchez et écrivez, combattez et conver-
tissez. Il n'y a qu'à vouloir. Les hommes ne veulent
pas assez, les petites considérations sont le tombeau
des grandes choses... Un des plus grands malheurs
des honnêtes gens, c'est qu'ils sont des lâches. On
gémit, on se tait, on soupe, on oublie.... Je vous in-
jurierai jusqu'à ce que je vous aie guéri de votre
paresse. Je ne vous reproche point de souper tous
les soirs, je vous reproche de borner là toutes vos
pensées et toutes vos espérances. Vous vivez comme
si l'homme avait été créé uniquement pour souper (1) ! »

Il parle quelque part des hommes de génie qui

(1) LXIII, 187; XLIII, 608; LXIII, 261, 265 ; LII, 37. « Laisser aller
le monde comme il va, faire son devoir tellement quellement
et dire toujours du bien de M. le Prieur est une ancienne
maxime de moine ; elle peut laisser le couvent dans la médio-
crité, le relâchement et le mépris ». XXXVIII, 517 C'est pourquoi
Voltaire dit *ce qu'on ne fait pas et ce qu'on pourrait faire* Il
est sévère pour les familles bourgeoises où l'on est continuellement occupé du soin de sa fortune, des détails domestiques et
dont la grossière oisiveté est amusée par une partie de jeu,
XXX, 91. — Rabaut Saint-Etienne demandait en 1791 à tous les
hommes capables de penser par eux-mêmes s'ils ne devaient pas
ce bienfait à Voltaire dont « l'infatigable persévérance réveillait
a paresse même et ne permit jamais à son siècle de s'endormir ».

communiquent leur âme aux autres, de ces fils aînés
de Prométhée qui vont distribuant le feu céleste. Il est
lui-même un de ces hommes, il a la flamme sacrée,
l'enthousiasme « sans lequel on ne fait rien (1) »,
mais un enthousiasme sain, exempt de fièvre et de
délire. En même temps qu'il éclaire, il inspire cette
ardeur féconde, cette activité généreuse dont sa vie
est un si admirable modèle. Sa voix comme un chant
de coq clair et vibrant dissipe les fantômes de la
nuit, nous réveille et nous excite aux tâches viriles.
C'est pourquoi il nous est si cher, c'est aussi pourquoi, loin d'avoir rien à craindre de la postérité, il
grandira dans les siècles à venir. Quand les préjugés,
les superstitions, les sottises, les atrocités qu'il a
combattus auront disparu à jamais, qu'une pleine
victoire rendra sa polémique inutile et en amoin-
drira l'intérêt, il demeurera pour l'humanité un
guide précieux, le meilleur de tous aux heures de
défaillance et de vertige, celui qui mieux que pas un
l'aidera à surmonter l'énervement des jours d'orage,
à s'arracher aux ombres dangereuses, aux mauvais
rêves et à marcher allègrement vers la grande lumière des lointains horizons.

(1) LIII, 629 ; LIX, 585. « Il faut un nouvel enthousiasme pour
détruire l'enthousiasme ancien, sans quoi l'erreur subsiste reconnue et triomphante ». L, 467.

TABLE DES MATIÈRES

Paris. — Typ. Doré, 10, rue de Reuilly.

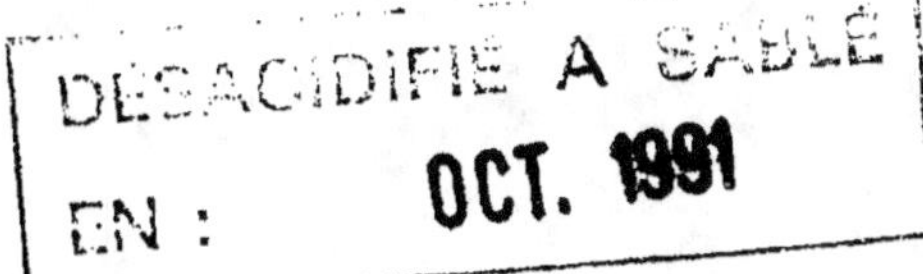